Hunan a Chenedl

Hefyd yn y gyfres:

Cred, Llên a Diwylliant: Cyfrol Deyrnged Dewi Z Phillips
E. Gwynn Matthews (gol.)

Cenedligrwydd, Cyfiawnder a Heddwch
E. Gwynn Matthews (gol.)

Y Drwg, y Da a'r Duwiol
E. Gwynn Matthews (gol.)

Hawliau Iaith
E. Gwynn Matthews (gol.)

Dirfodaeth, Cristnogaeth a'r Bywyd Da
E. Gwynn Matthews a D. Densil Morgan (gol.)

Argyfwng Hunaniaeth a Chred
E. Gwynn Matthews (gol.)

Rheswm a Rhyddid
E. Gwynn Matthews (gol.)

Hunan a Chenedl

Cyfrol Gyfarch E. Gwynn Matthews

Golygyddion
Gareth Evans-Jones a Dafydd Huw Rees

Coleg Cymraeg Cenedlaethol

Prifysgol Cymru
University of Wales

Adran Athronyddol Cymdeithas
Cyn-fyfyrwyr Prifysgol Cymru

Astudiaethau Athronyddol 9

y olfa

Argraffiad cyntaf: 2024

© Hawlfraint yr awduron unigol a'r Lolfa Cyf., 2024

Mae hawlfraint ar gynnwys y llyfr hwn ac mae'n anghyfreithlon i lungopïo neu atgynhyrchu unrhyw ran ohono trwy unrhyw ddull ac at unrhyw bwrpas (ar wahân i adolygu) heb gytundeb ysgrifenedig y cyhoeddwyr ymlaen llaw

Dymuna'r cyhoeddwyr gydnabod cymorth ariannol
Cyngor Llyfrau Cymru

Cynllun y clawr: Y Lolfa

Rhif Llyfr Rhyngwladol: 978-1-80099-589-5

Cyhoeddwyd ac argraffwyd yng Nghymru
ar bapur o goedwigoedd cynaladwy gan
Y Lolfa Cyf., Talybont, Ceredigion SY24 5HE
gwefan www.ylolfa.com
e-bost ylolfa@ylolfa.com
ffôn 01970 832 304

Cynnwys

Rhagair   7
Huw L. Williams

Detholiad o *Hegel* (Dinbych: Gwasg Gee 1984)   18
E. Gwynn Matthews

'A oes a'ch deil o hyd mewn Cof a Chalon?'   42
Myfyrdodau ar theatr a pherfformio byw yn sgil y cyfnod clo
Lisa Lewis

***Theologia Cambrensis*: Cipdrem ar hanes**   59
diwinyddiaeth yng Nghymru, 1760-1900
D. Densil Morgan

'Cario Baich Cyfrifoldeb Rhyddid': J. R. Jones,   75
Awdurdodaeth a Seicoleg yr Unigolyn yng Nghymru, 1930-1970
Llion Wigley

'I suddenly felt very black and very Welsh':   100
Cymreictod a Chroestoriadaeth yn *Sugar and Slate* gan Charlotte Williams
Lisa Sheppard

Pobloedd Etholedig: y Cymry, yr Iddewon a'r   118
Wladwriaeth yng ngwaith Emyr Humphreys
Daniel G. Williams

Adran Athronyddol Cymdeithas Cyn-fyfyrwyr Prifysgol Cymru

Swyddogion 2023–24

Llywyddion Am Oes
E. Gwynn Matthews
Yr Athro Howard L. Williams

Llywydd
Dr Huw L Williams

Is-Lywydd
Dr Huw Lewis

Ysgrifennydd
Dr Gareth Evans-Jones

Trysorydd
Dr Dafydd Huw Rees

Rhagair

Huw L. Williams

WRTH IMI FOD YN ddigon ffodus i ymgymryd â swydd Darlithydd Athroniaeth gyda'r Coleg Cymraeg, roeddwn eisoes yn lled-gyfarwydd gyda'r llwybr yr oeddwn i wedi ymuno arno. Heblaw'r fantais nid ansylweddol o fod â thad (llythrennol) yn y ffydd, roeddwn wedi bod i wersi Athroniaeth gyda Walford Gealy yn fy arddegau hwyr a ddarparwyd gan Adran Efrydiau Allanol Prifysgol Aberystwyth. Roeddwn hefyd wedi mynychu ambell un o gynadleddau'r hyn a adwaenid fel Yr Urdd Athronyddol ar y pryd, a oedd, trwy lwc, yn cael eu cynnal yn adeilad Merched y Wawr yn yr un dref wâr honno. Byddai Walford yn mynychu, wrth reswm, a chefais y fraint o ddod i adnabod Merêd – a bod â pharchedig ofn, neu yn symlach, ofni braidd, eu traethu tanbaid a deifiol. Aelod arall y triawd wrth gwrs oedd Gwynn, a gallasai fod yr un mor finiog ei bwynt, ond byddai'n dueddol o'i drin gyda ffoel yn hytrach na phastwn, yn ei arddull bwyllog a deheuig ei hun.

Ond er yn gynefin â'r byd bach hwn, dim ond fesul tipyn y deuthum i sylweddoli taw dyma oedd y drindod oedd wedi cynnal fflam Athroniaeth Gymraeg yn eu ffyrdd gwahanol eu hunain, a brwydro dros ei diogelu o fewn strwythurau'r Coleg Cymraeg. Yr oedd Gwynn, erbyn hynny, wedi ymddeol, ond yn parhau i weithio'n ddygn fel Llywydd (a rhoddi i'r swydd ei henw llawn) Adran Athronyddol Urdd Graddedigion Prifysgol Cymru, gan ddyblu yn rôl y Swyddog Cyhoeddiadau yn ogystal. Roedd yn arweinydd prosiect ac yn rhan o'r criw oedd wedi llwyddo i gael y maen i'r wal gyda'r testun ardderchog a hollbwysig, *Hanes Athroniaeth y Gorllewin*. Roedd hefyd wedi cychwyn ar fenter newydd yn y maes, trwy sefydlu'r gyfres hon gyda'r Lolfa, ac *Astudiaethau Athronyddol* yn llenwi'r bwlch yn sgil dirwyn i ben y cyfnodolyn *Efrydiau Athronyddol*. Hyderaf y bydd y sawl sydd wedi prynu'r cyfrolau yn fynych yn cytuno fod Gwynn wedi gwneud gwaith safonol a hanfodol wrth sefydlu'r gyfres, a sicrhau enw da iddi trwy olygu'r wyth gyfrol gyntaf.

Mawr obeithiwn y byddwn ni, fel unigolion sydd oddi fewn i'r system Addysg Uwch erbyn hyn, trwy ddiolch i'r Coleg, ac sy'n gweithio ar y cyd trwy'r Urdd – neu (a rhoddi iddi ei henw llawn newydd) Adran Athronyddol Cymdeithas Cyn-fyfyrwyr Prifysgol Cymru – yn gwneud cyfiawnder â'i gymynrodd amlweddog, amhrisiadwy. Simsan o hyd, wrth gwrs, yw sefyllfa Athroniaeth o fewn y byd deallusol Cymraeg (a Chymreig), ac yn groes i ganfyddiad rhai, efallai, mae'n dioddef gyda dirywiad crefydd a glastwreiddio'r astudiaeth ohoni. Ond parhau y mae'r gobaith, er mor droellog y gall y llwybr deimlo ar brydiau. Gawn ni obeithio taw dilechdidol yw'r trywydd mewn gwirionedd, a'n bod ni'n ymgyrraedd yn uwch o hyd.

Nid llwybr unionsyth y bu Gwynn yn ei droedio chwaith o ran ei yrfa athronyddol ac academaidd; i'r gwrthwyneb efallai (ac Amen i hynny). Mae'n un o'r athronwyr prin y gwn amdano o gefndir amaethyddol; wedi ei eni yn Ninbych ym 1943, yn unig blentyn Glyn a Blodwen Matthews, a'i fagu ar fferm Llwyn Celyn ym mhlwyf Llanrhaeadr-yng-Nghinmeirch – cyn i'r teulu symud yn ystod ei arddegau i fyw i Gaerwys (trwy gyd-ddigwyddiad roedd ei ragflaenydd yn swydd Ysgrifennydd yr Urdd, O.R. Jones, hefyd o deulu o amaethwyr, a'i chwaer yntau a'i gŵr yn ffermio Llwyn Celyn wedi teulu Gwynn). Cafodd ei addysg gynnar yn Ysgol Llanrhaeadr ac Ysgol Ramadeg Dinbych.

Ymlaen wedyn i'r Brifysgol ym Mangor, lle graddiodd mewn

Rhagair

Athroniaeth, ond heb fyw'r bywyd enciliedig y byddai rhai'n ei gysylltu gyda'r pwnc. Yn wir, cafodd ei ethol yn Llywydd y Cymric - Cymdeithas Myfyrwyr Cymraeg y Coleg - ac wedi derbyn hyfforddiant fel athro, cafodd ei ethol yn Llywydd Undeb y Myfyrwyr. Aeth ymlaen i fod yn aelod o staff Plaid Cymru ar ddiwedd y Chwedegau, ac yn ymgeisydd Seneddol dros y Blaid ym 1970 a 1974. Am nifer o flynyddoedd yn y Saithdegau, gwasanaethai ar bwyllgor Gwaith Cenedlaethol y Blaid gan gynnwys cyfnod fel Cyfarwyddwr Polisi. Y mae'r ymlyniad gwleidyddol a chenedlatholgar hwn wedi parhau'n hysbys yn ei waith academaidd ac addysgu, a siawns bod yr egni a'r ewyllys ymroddgar yma wedi bod yn hanfodol i'w yrfa, a'r amryfal rolau y mae wedi ymrwymo iddynt ym myd Athroniaeth a thu hwnt. Byddai hyn yn sicr wedi bod yn sylfaen i'w addysgu – sy'n gofyn am y gallu i ddal sylw a dychymyg, wrth gwrs – ynghyd â'i radd Meistr mewn Addysg o Brifysgol Lerpwl.

Dechreuodd ei yrfa fel addysgwr yn Ysgol Uwchradd Prestatyn ym 1970, lle bu'n Bennaeth yr Adran Addysg Grefyddol. Cafodd gyfle i roi ei astudiaethau israddedig ar waith trwy ddysgu Rhesymeg fel pwnc ar gyfer Lefel 'O' a Lefel 'A' i ddisgyblion y chweched dosbarth. Ym 1971, dechreuodd weithio fel tiwtor rhan-amser mewn Athroniaeth gyda'r WEA (Cymdeithas Addysg y Gweithwyr), ac ym 1975, cafodd ei apwyntio i swydd amser llawn fel Tiwtor-Drefnydd gyda chyfrifoldeb dros ddosbarthiadau Gorllewin Clwyd (sef yr hen Sir Ddinbych ac Edeyrnion).

Trwy drefniant gyda'r WEA, bu'n ddarlithydd rhan-amser mewn Astudiaethau Cymreig (Polisi Cyhoeddus yn fwyaf arbennig) yn NEWI (Prifysgol Wrecsam bellach), a hefyd, yn diwtor dros dro mewn Athroniaeth yng Ngholeg Harlech (nad yw'n bodoli bellach!). Menter lwyddiannus fu cynnal cyfres o gyrsiau preswyl mewn Athroniaeth yn Llyfrgell Deiniol Sant ym Mhenarlâg, cyfres a barhaodd am bedair blynedd ar ddeg. Wedi deunaw mlynedd fel aelod o staff y WEA, cafodd swydd gydag

Adran Efrydiau Allanol y Brifysgol ym Mangor, lle bu ar wahanol gyfnodau yn Diwtor Preswyl, Tiwtor Cydlynol, a Phennaeth Gweithredol yr Adran. Bu hefyd yn darlithio mewn Athroniaeth Crefydd yn yr Ysgol Diwinyddiaeth ac Astudiaethau Crefyddol ac yn yr Ysgol Addysg.

Anodd dychmygu, felly, faint o bobl y mae Gwynn wedi eu haddysgu ym maes athroniaeth dros y blynyddoedd, ond maent yn eu cannoedd, os nad y miloedd. A hynny, yn aml iawn, yn iaith y nefoedd. Cyfeirir droeon y dyddiau hyn at bwysigrwydd traweffaith – 'impact' – a'r angen i academyddion newid 'rhywbeth yn y byd'. Nid cam gwag, o reidrwydd, yw cymell ymwneud gyda'r 'byd go iawn', ond mae yna beryg inni anghofio weithiau mai'r effaith fwyaf a phwysicaf y gall academydd sicrhau yw trwy ei addysgu, gan ysbrydoli a chreu ysgolheigion – neu 'bysgota dynion' i ddefnyddio un o hoff ymadroddion Gwynn. Heb os, bydd wedi newid bywydau dirifedi trwy gyflwyno pobl o bob oedran a chefndir i hynodrwydd athroniaeth.

Ond hanner y stori yw hynny. Y mae cyfraniad Gwynn wedi bod yn neilltuol mewn print yn ogystal, a hynny oddi fewn a thu hwnt i'r maes, ac y mae'n dda cael cyfle i gydnabod hynny. Rhy hawdd, efallai, yw peidio â gwerthfawrogi rhagoriaeth pan mae'n ymddangos yn gyfarwydd: ymgorfforiad o ddiwylliant Cymraeg, ysgolheigaidd wedi'i wreiddio ym mywyd Cristnogol y genedl sydd mor gyfarwydd inni (ond byddwn yn siŵr o ddechrau ei gwerthfawrogi wrth iddi lithro dros y gorwel y tu ôl inni). Yn yr un modd, pan mae'r cyfraniadau wedi eu taenu'n eang ar draws sawl sefydliad, a'r gweithgareddau'n niferus, a'r rheiny'n eiddo i gymeriad siriol a diymhongar, gall fod yn hawdd peidio â sylweddoli maint y gorchwyl. Fe'm harweiniwyd i'r casgliad amlwg yma ynghylch Gwynn gan un o fawrion eraill ein bywyd deallusol, awdur toreithiog a oedd yn dadlau dros achos sicrhau cydnabyddiaeth deilwng i Gwynn.

O ran ei destunau niferus – ac yn yr un modd â nifer o gyfrolau

Rhagair

yn y gyfres adnabyddus 'Y Meddwl Modern' gyda Gwasg Gee – ei orchest fwyaf i'm meddwl i yw'r hyn a gyflawnodd gyda'i gampwaith, *Hegel*, sydd yn llwyddo i gymhwyso athroniaeth fawreddog i lyfr bachog, cryno, gan rywsut gynnig cyflwyniad eglur ond cyflawn o waith un o'r athronwyr mwyaf, ond eto, esoterig ac anodd ei ddirnad. Y mae ein myfyrwyr yn parhau i elwa o'r adnodd heddiw. Dyma lyfr oedd yn llafur cariad yn yr ystyr ei fod yn adlewyrchu prif ddiddordeb athronyddol Gwynn, ynghyd â'r ysgol o athronwyr hynny y bu Hegel yn gymaint o ddylanwad arnynt ym Mhrydain, sef yr Idealwyr Prydeinig.

Yn eu mysg, roedd y 'Crydd-athronydd' o Langernyw, Syr Henry Jones, ac ym 1998, cyhoeddwyd astudiaeth gan Gwynn ar waith a bywyd yr athronydd dan y teitl, *Yr Athro Alltud* (Gwasg Gee). O nabod pwyslais yr athronwyr yma ar y gydddibyniaeth rhwng unigolyn a chymdeithas, nid yw'n fawr o syndod bod Gwynn yn ymddiddori'n bennaf mewn themâu megis hunaniaeth a chymunedaeth. Ym 1997, cyhoeddwyd gwaith ar y cyd rhyngddo a Howard Williams a David Sullivan yn y gyfres 'Political Philosohy Now', sef *Francis Fukuyama and the End of History* (Gwasg Prifysgol Cymru) – llyfr sy'n archwilio *Zeitgeist* y 1990au a grynhowyd yng ngwaith yr Americanwr, a hynny o safbwynt athroniaeth hanes Hegel a Kant. Ymddangosodd ail argraffiad o'r gyfrol (wedi ei ddiweddaru) yn 2016.

Ond yr hyn sy'n nodweddiadol o Gwynn yw ei ddiddordebau ehangach, sydd yn aml wedi ei arwain y tu hwnt i athroniaeth academaidd, ac sydd yn ei wneud yn unigryw ymysg ei gyfoedion athronyddol. Ym maes Hanes Syniadau, y mae wedi ymddiddori fwyaf yn yr unfed ganrif ar bymtheg (cyfnod y Dadeni Dysg a'r Diwygiad Protestannaidd) a'r ddeunawfed ganrif. Cyhoeddwyd casgliad o ddarlithoedd ac ysgrifau ganddo sydd yn adlewyrchu'r diddordebau hyn gan y Lolfa yn 2019 dan y teitl *Genefa, Paris a Dinbych ac ysgrifau eraill: Golwg ar rai o wŷr llên Sir Ddinbych*. Y mae'r cyfeiriad at wŷr llên Sir Ddinbych yn tystio i'w ddiddordeb

11

hefyd mewn hanes lleol. Y mae wedi cyhoeddi nifer o lyfrynnau, monograffau ac erthyglau, gan gynnwys eitemau i *Gwyddoniadur Cymru* (Gwasg Prifysgol Cymru, 2008), ar hanes lleol a hanes Sir Ddinbych, ac yn 2001, derbyniodd wahoddiad i ysgrifennu'r gyfrol *Sir Ddinbych* yn y gyfres 'Broydd Cymru' (Gwasg Carreg Gwalch).

Y mae'r ymlyniad yma at ei filltir sgwâr, a'i barodrwydd i'w hystyried yr un mor deilwng o'i egni a'i ymdrechion academaidd, yn adrodd cyfrolau, gan fynegi unplygrwydd y mae'n anodd peidio â'i edmygu'n fawr. Gallasai'r gallu i ddeall a thrafod Hegel yn ddeheuig arwain rhywun at yr entrychion athronyddol, ac ar osod bri ac ystyr ar y cyfanfydol a chyffredinol ar draul agweddau eraill bywyd. Ond y mae Gwynn wedi torri ei gwys ei hun erioed.

A does yna'r un awgrym fan hyn o ryw anghysondeb neu odrwydd. Tra bod yr un pen draw rhesymegol o'r meddwl Hegelaidd yn ein harwain ni at yr absoliwt, y mae'r pen draw arall yn ein harwain i'r hyn a'n ffurfiodd ni, a'r teulu a'r gymuned a'n magasodd. Rhaid nodi hefyd fod Gwynn wedi meithrin ei ddiddordebau mewn awyrgylch nad oedd o reidrwydd yn croesawu lluosogrwydd; roedd nifer ymhlith yr hen do athronyddol wedi ymgynefino ag empeiriaeth Brydeinig, tra bod y grym arall dominyddol, sef athroniaeth Wittgensteinaidd, wedi'i ymgorffori mewn ffigwr yr un mor unplyg, sef D. Z. Phillips. Tueddaf i deimlo lle mae'r dirwedd mor arw, a phrifiant yn anodd, y mae'n iach annog amrywiaethau niferus, a gallwn fod yn ddiolchgar iawn fod Gwynn wedi ffynnu, er gwaetha'r heriau, a gan lynu at ei reddfau deallusol.

Gobeithiwn fod y gyfrol hon yn deyrnged addas iddo yn yr ystyr ei fod yn cyflwyno pynciau niferus, o ddrama i ddiwinyddiaeth, a hynny trwy law awduron amrywiol o'r tu fewn a'r tu allan i'r academi – oll yn trafod eu dewis bynciau ond mewn dull sy'n caniatáu eu gosod pob un o dan y term eangfrydig, nodweddiadol

Rhagair

Gymraeg o syniadaeth, sydd mor addas yn achos meddyliwr fel Gwynn. Dechreua gyda detholiad o ymdriniaeth feistrolgar Gwynn o athroniaeth Hegel, gan gynnwys dehongliad o'r dilechdid enwog rhwng gwas ac arglwydd – motiff sydd ymhlith yr enwocaf mewn athroniaeth, a gymhwysir gan amryfal feddylwyr eraill.

Wrth inni geisio parhau gyda'r gwaith o sicrhau ffyniant athroniaeth Gymraeg, mae'n fy nharo bod Gwynn, yn fwy na neb, a thrwy ei amrywiol ddiddordebau a'i agweddau mawrfrydig, wedi dangos y posibiliadau a gosod y llwybrau. Yn y bychanfyd athronyddol Cymraeg, ac o dan y term eangfrydig, nodweddiadol Gymraeg o syniadaeth, y mae'n bosib inni amgyffred y byd yn ei amlweddau trwy'r hanes, meddylwyr, cysyniadau, a damcaniaethau sy'n gweddu i'n diriaeth ni. Ymddengys fod Gwynn wastad wedi ceisio deall a dehongli ei gymdeithas ef ar ei thelerau hi, a gwneud hynny mewn modd greddfol a gwreiddiol.

Ers 1967, mae Gwynn yn briod gyda Mair (cyd-fyfyriwr iddo ym Mangor), ac mae ganddynt ddau fab, Hywel a Rhodri. Mae'r ddau ohonynt yn llyfrgellwyr, y naill yn byw ym Mhentyrch a'r llall yng Nghaerdydd. Erbyn hyn, mae yna ddwy wyres ac un ŵyr, Elen, Mali ac Ieuan. A bellach, mae Mair a Gwynn yn byw ym Mhentyrch, a Gwynn yntau'n un o hoelion wyth y gymuned ddinesig Gymraeg, gan gyfrannu at fentrau niferus, ac ill dau wedi gwerthfawrogi'r cyfle i fod â rhan ym mywyd eu hwyrion.

Awduron yr Ysgrifau

E. Gwynn Matthews
Brodor o Lanrhaeadr-yng-Nghinmeirch, Dyffryn Clwyd yw Gwynn Matthews. Mae'n raddedig o Brifysgolion Cymru (Bangor) a Lerpwl.

Trefnydd gyda Phlaid Cymru oedd ei swydd gyntaf, a bu'n ymgeisydd seneddol drosti ddwy waith. Yn 1970, cafodd swydd yn Ysgol Uwchradd Prestatyn, lle bu'n bennaeth yr Adran Addysg Grefyddol. Yn 1975 fe'i hapwyntiwyd yn diwtor-drefnydd gyda'r WEA (Cymdeithas Addysg y Gweithwyr) cyn ymuno ag Adran Efrydiau Allanol Coleg y Brifysgol, Bangor, yn 1993, lle bu ar wahanol adegau yn diwtor preswyl, yn diwtor cydlynol ac yn bennaeth gweithredol yr Adran.

Mae'n aelod o Adran Athroniaeth Cymdeithas Cyn-fyfyrwyr Prifysgol Cymru ac wedi gweithredu fel ysgrifennydd a llywydd yr Adran. Ef oedd golygydd cyntaf y gyfres 'Astudiaethau Athronyddol'.

Ymhlith ei gyhoeddiadau mae *Hegel* (1984) yn y gyfres 'Y Meddwl Modern', *Yr Athro Alltud* (1998), astudiaeth o fywyd a gwaith yr athronydd, Syr Henry Jones, *Francis Fukuyama and the End of History* (1998, 2016), astudiaeth ar y cyd gyda Howard Williams a David Sullivan, *Sir Ddinbych* (2001) yn y gyfres, 'Broydd Cymru', a *Genefa, Paris a Dinbych ac ysgrifau eraill* (2019), sydd yn trafod rhai o wŷr llên Sir Ddinbych.

Ar hyn o bryd mae ef a'i wraig Mair yn byw ym Mhentyrch, Caerdydd,

Lisa Lewis
Mae Lisa Lewis yn Athro Theatr a Pherfformiad, yn gyd-gyfarwyddwr y Ganolfan Cyfryngau a Diwylliant mewn

Cenhedloedd Bach, ac yn Ddeon Cysylltiol ar gyfer Ymchwil ac Arloesi yng Nghyfadran Busnes a Diwydiannau Creadigol Prifysgol De Cymru. Mae ei hymchwil yn ymwneud â'r profiad Cymreig fel y'i mynegir yn y celfyddydau, a pherfformiad yn bennaf.

Llion Wigley
Cyhoeddwyd cyfrol Llion Wigley, *Yr Anymwybod Cymreig*, a gaolbwyntiai ar yr ymateb i syniadau Freud a'i ddilynwyr yn y Gymraeg yn 2019. Mae hefyd wedi cyhoeddi cyfrol fer ar hanes degawdau cynnar Gwasg Prifysgol Cymru i nodi'r canmlwyddiant yn 2022, ynghyd ag erthyglau mewn cyfnodolion fel *Cylchgrawn Hanes Cymru*, *Y Traethodydd*, a *Llafur* ar wahanol agweddau ar hanes diwylliannol a chymdeithasol Cymru'r ugeinfed ganrif, megis llenyddiaeth taith yn y Gymraeg; y berthynas rhwng Bwdhaeth, Hindŵaeth a'r diwylliant Cymraeg; cyfres 'Pamffledi Heddychwyr Cymru'; datblygiad diwylliant ieuenctid Cymraeg yn y 1950au a'r 1960au; yr 'Addysg Newydd' yng Nghymru rhwng y rhyfeloedd byd; a hanes gardd bentref Rhiwbeina. Mae'n ymchwilio i hanes syniadau a mentrau iwtopaidd yng Nghymru fodern ar hyn o bryd.

D. Densil Morgan
Brodor o Dreforus, Cwm Tawe. Ei addysgu ym Mhrifysgol Bangor a Choleg Regent's Park Rhydychen. Bu'n weinidog yng nghylch Pen-y-groes, Llanelli, cyn ei benodi yn ddarlithydd ym Mhrifysgol Bangor yn 1988. Bu'n Athro Diwinyddiaeth ym Mangor o 2005 hyd 2010, ac yn Athro Diwinyddiaeth ym Mhrifysgol Cymru y Drindod Dewi Sant, Llanbedr Pont Steffan rhwng 2010 a 2016. Ers 2018, mae'n weinidog ar eglwysi Cylch Bedyddwyr Gogledd Teifi. Cyhoeddodd yn helaeth ar grefydd a diwinyddiaeth yng Nghymru ac ar waith y diwinydd o'r Swistir, Karl Barth. Enillodd ei ddwy gyfrol, *Theologia Cambrensis:*

Theology and Religion in Wales, 1588-1900 (2018, 2021), wobr Francis Jones, Coleg Iesu Rhydychen, am ragoriaeth neilltuol mewn Hanes Cymru yn 2022. Cyhoeddir ei gyfrol *Gras, Gobaith a Gogoniant: Crefydd ac Ysbrydolrwydd yng Ngwaith Emrys ap Iwan* cyn diwedd 2024.

Daniel G. Williams

Athro Llenyddiaeth Saesneg ym Mhrifysgol Abertawe a Chyfarwyddwr CREW (y Ganolfan Ymchwil i Lên ac Iaith Saesneg Cymru) yw Daniel G. Williams. Mae'n awdur nifer o lyfrau gan gynnwys *Black Skin, Blue Books: African Americans and Wales 1845–1945* (Gwasg Prifysgol Cymru, 2012), a *Wales Unchained: Literature, Politics and Identity in the American Century* (Gwasg Prifysgol Cymru, 2015). Ef oedd golygydd *Canu Caeth: Y Cymry a'r Affro-Americaniaid* (Gomer, 2010) a sylfaenydd a golygydd y gyfres 'Safbwyntiau' gyda Gwasg Prifysgol Cymru.

Dafydd Huw Rees

Darlithydd yn Adran Athroniaeth Prifysgol Caerdydd yw Dafydd Huw Rees. O dan nawdd y Coleg Cymraeg Cenedlaethol, mae Huw yn parhau i ddatblygu darpariaeth athroniaeth trwy gyfrwng y Gymraeg. Mae ei ymchwil yn canolbwyntio ar athroniaeth moesol a gwleidyddol, ac yn enwedig ddamcaniaeth gritigol Jurgen Habermas.

Gareth Evans-Jones

Mae Gareth Evans-Jones yn ddarlithydd Athroniaeth a Chrefydd ym Mhrifysgol Bangor ac yn un o gyfarwyddwyr Canolfan Genedlaethol Addysg Grefyddol Cymru. Mae gan Gareth ddiddordebau academaidd eang, gan gynnwys caethwasiaeth, crefydd a'r Cymry, Seioniaeth fodern, deialog ryng-grefyddol, yn ogystal ag anghyfiawnderau cymdeithasol.

Cyhoeddodd ei fonograff academaidd cyntaf gyda Gwasg

Prifysgol Cymru yn 2022, sef addasiad o'i draethawd doethurol: *'Mae'r Beibl o'n tu': ymatebion crefyddol y Cymry yn America i gaethwasiaeth (1838-1868)*, a dderbyniodd Wobr Goffa Syr Ellis Griffith. Mae hefyd yn awdur nifer o gyfrolau creadigol, ac mae'n gyd-olygydd cyfres atgyfodedig *Ysgrifau Beirniadol* gydag Elis Dafydd.

Detholiad o *Hegel*
(Dinbych: Gwasg Gee 1984)

E. Gwynn Matthews

Hunan-ymwybyddiaeth

Yn hollol ar ei ben ei hun, ni fedr yr hunan fod yn ymwybodol ohono'i hun. Ni ddaw'r hunan yn ymwybodol ohono'i hun heb fod yn ymwybodol hefyd o'r hyn nad ydyw. Y gwrthgyferbyniad rhwng yr hunan a'r arall sy'n gwneud yr hunan yn hunanymwybodol. Ond o ddod yn ymwybodol o'r arall, fe'i gwelir fel pe bai yn bod er mwyn yr hunan. Hynny yw, mae'r hunan yn gweld y byd fel pe bai yno at wasanaeth ei anghenion ef. Yn ei berthynas â'i amgylchedd mae'r hunan mewn cyflwr o chwant. Pe bai ond un meddwl yn y bydysawd, ni fyddai'n gwybod ei fod yn bod; y mae'r hunan felly yn ddibynnol ar yr arall am ei hunanymwybyddiaeth, ond ar yr un pryd y mae am ddarostwng yr arall er mwyn porthi ei hunan-dyb.

Eithr nid yw *pethau* yn ddigonol i'r diben hwn. Hunanymwybyddiaeth anghyflawn iawn sy'n deillio o'r gwrthgyferbyniad rhwng hunan a *phethau*, rhaid wrth berthynas *hunan* arall. Dim ond mewn perthynas â hunan arall, *sydd hefyd yn ymwybodol*, y gellir profi hunan-ymwybyddiaeth lawn. Nid yw hi'n bosibl i un fod yn unigolyn ar wahân i unigolion eraill. Daw adnabyddiaeth o'r hunan drwy adnabod eraill. Drwy weld eraill fel personau y dof i sylweddoli beth yw bod yn berson. Mae agwedd arall fwy sylfaenol fyth i'r adnabod-yr-hunan-drwy-

Detholiad o *Hegel*

arall, sef, nid yn unig rhaid i mi adnabod eraill fel personau, ond rhaid i mi *gael fy nghydnabod* gan eraill fel person. 'Bodola hunan-ymwybyddiaeth ynddo'i hun, ac eiddo'i hun, yn gymaint â'i fod, a thrwy'r ffaith ei fod, yn bodoli i hunan-ymwybyddiaeth arall; hynny yw, y mae, yn unig drwy gael ei gydnabod.'

Eto, megis yn achos perthynas yr hunan â'i amgylchedd, rhaid i'r hunan ddarostwng, negyddu, neu ddiddymu yr hunan arall, oherwydd yn sylfaenol, hunanol yw pob hunan. Wele felly ddwy agwedd ar hunan-ymwybyddiaeth yn tynnu'n groes i'w gilydd. Ar y naill law fe berthyn i natur yr hunan ddiddymu popeth y tu allan iddo'i hun, ac ar y llaw arall mae angen arno am gydnabyddiaeth gan hunan arall. Yn wir, geilw Hegel berthynas wrthwynebus y ddau hunan yn ymryson bywyd a marwolaeth: ac with gwrs, dim ond trwy fentro ein bywyd y deuwn yn ymwybodol o'r hunan mewn ffordd fywiol.

Eto, ni all y frwydr orffen gyda diddymiad y naill hunan na'r llall, oherwydd heb y llall ni fyddai gan yr un o'r ddau hunan dyst i'w fodolaeth; ni fyddai yn bod-i-arall, ac felly ni allai fod iddo'i hun. Rhaid iddynt felly gyd-fyw, ond ni fedrant fod yn gytûn a chydweithredol. Cyd-fyw mewn cystadleuaeth a wnânt. Yr unig ffordd i ddatrys perthynas elyniaethus yw goresgyn un gwrthwynebydd gan y llall. A dyna sy'n digwydd. Amlygir y gwahanol agweddau ar hunan-ymwybyddiaeth yn y ddau. 'Mae'r ddau bwynt yn hanfodol, ac am eu bod ar y dechrau yn wahanol ac yn wrthwynebus, a'u hadlewyrchiad mewn undod heb ddod i'r golau eto, safant fel dwy ffurf neu ddau fodd o ymwybyddiaeth. Y mae'r naill yn annibynnol, a hanfod ei natur yw bod iddo'i hun; y mae'r llall yn ddibynnol, a'i hanfod yw byw neu fod i arall. Y cyntaf yw'r Meistr neu'r Arglwydd, a'r llall yw'r Gwas.'

Beth yw natur goruchafiaeth y meistr? Yn sylfaenol y meistr yw'r un sy'n gweld ei gyd-ddyn fel gwrthrych ac fel cyfrwng i'w gadarnhau yn ei ymwybyddiaeth o'i hunaniaeth. Ond yn hollol oherwydd iddo oresgyn ei gyd-ddyn, y mae hefyd wedi

19

colli, yn gymaint â bod y gydnabyddiaeth a gaiff gan unigolyn a drechwyd yn werth llai na'r gydnabyddiaeth y gallai ei disgwyl gan unigolyn cydradd. Adlewyrchu ewyllys ei arglwydd a wna'r gwas, ond y mae'r arglwydd yn dyheu am gadarnhad gwrthrychol ac annibynnol o'i arglwyddiaeth.

Cymaint rhagorach yw cyflwr gwas. Y mae ef yn sylweddoli ei hunaniaeth ac yn cael cydnabyddiaeth wrthrychol yn ei waith. Trwy gyfrwng ei lafur gedy ei ôl ar y byd. Y mae'n llunio byd natur yn unol â'i ewyllys ac yn rhoi o'i hunan yn ei gynnyrch. Cofgolofn a thystiolaeth wrthrychol o'i fodolaeth fel hunan yw cynnyrch gwaith y llafurwr. Gan ei fod dan feistr, gŵyr beth yw ofn, ie, ofn am ei fywyd a'i fywoliaeth, a rhydd hyn iddo ymwybyddiaeth effro iawn o'i hunaniaeth.

Mor dlawd yw hi ar yr arglwydd. Nid oes ganddo ef berthynas greadigol â'i amgylchedd. Saif ef yn ei berthynas â'r byd mewn cyflwr o chwenychu ac fel defnyddiwr. Ni fedr ddarganfod dim a saif yn y byd fel tystiolaeth i'w hunaniaeth ef ei hun. Ni chafodd ei hunan ddatblygu ychwaith with orfod ymgodymu â'r byd yn y broses o lunio rhywbeth trwy lafur. Drwy weithio ar natur, sydd yn gwrthsefyll ein bwriadau, yr ydym yn adnewyddu neu'n ail-greu hunan. Dyma ddatblygiad y mae defnyddiwr nad yw'n llafurwr yn amddifad ohono, sef y datblygiad a ddaw trwy ddisgyblaeth gofynion natur a chyd-ddyn. Y mae gan ddefnydd crai y gweithiwr nodweddion y mae'n rhaid iddo ymgyfarwyddo â hwy a'u meistroli; y mae gan y prynwr ofynion i'w boddhau; y mae i grefft ei safon a osodwyd i lawr gan grefftwyr fel cymuned.

Yn yr ymdriniaeth hon, mae Hegel wedi gosod i lawr egwyddor eithriadol bwysig, sef angen hunan-ymwybyddiaeth yr unigolyn am gysylltiad â hunanau eraill. Eithr hyd yma yn y drafodaeth methwyd a sylweddoli hunan-ymwybyddiaeth lawn am fod y profiadau a drafodwyd yn rhanedig. Y mae arglwyddiaeth a thaeogaeth yn ddiffygiol. Nid oes gan yr arglwydd dystiolaeth wrthrychol o'i hunan na chydnabyddiaeth ohono, dim ond gan hunan israddol iddo, ac er fod gan y gwas arwydd allanol o'i hunaniaeth yng nghreadigaethau ei ddwylo, creu y mae i foddhau ei arglwydd, a gwaseidd-dra sydd yn nodweddu ei gyflwr.

Y demtasiwn felly yw i'r arglwydd a'i was droi cefn ar amodau cymdeithasol gwrthrychol eu bodolaeth a throi yn fewnblyg i fyd y meddwl sydd y tu hwnt i gyrraedd hualau'r byd allanol. Medraf fod yn rhydd yn fy meddyliau fy hun heb ofni gofynion y byd arnaf. 'Y mae gan yr ymwybyddiaeth hon felly agwedd negyddol tuag at berthynas arglwydd a thaeog . . . ar yr orsedd neu mewn cadwyni . . . ei nod yw bod yn rhydd, a . . . chilio o ferw bywyd, gweithredol a goddefol fel ei gilydd, i symledd elfennol meddyliau.'

Geilw Hegel y cyflwr o ymneilltuo i fyd meddyliau yn Stoiciaeth. Dyma agwedd at fywyd, meddai, sy'n nodweddu cyfnodau hanesyddol lle mae addysg eang a gormes gyffredinol yn cydoesi. Mae'r ymgilio hwn yn apelio at arglwydd a thaeog fel ei gilydd, ac fel enghreifftiau hanesyddol mae Hegel yn enwi yr ymerawdwr Marcus Aurelius a'r caethwas Epictetus. Ond y mae pris i'w dalu am fod yn fewnol hunan-ddigonol pan fo perthynas dynion â'i gilydd yn dal heb ei newid. Syniadau disylwedd fydd yn y meddwl; syniadau yn deillio o'r byd allanol ac felly yn gaeth iddo, ond heb gyswllt ag ef ac felly heb fedru ei newid. Cam bychan wedyn yw diystyru'r byd allanol yn llwyr a mabwysiadu agwedd negyddol tuag ato.

Dyma safbwynt y Sgeptig. O gadernid amddiffynfa ei hunan mewnol bydd yn bwrw amheuon ar realiti popeth allanol. (Mae Hegel yn dwyn i'n sylw y ffaith hanesyddol mai dyma'r math o athroniaeth yr esgorodd Stoiciaeth y byd Groegaidd-Rufeinig arni.) Eithr y mae safbwynt y Sgeptig yn hunanddifaol, oherwydd unwaith y gwedir realiti'r byd gwrthrychol cyll y Sgeptig bob cyfrwng cyfathrebu, ac yn erbyn pwy y dadleua? Beth bynnag, medd Hegel, amheuwr rhan-amser ydyw, oherwydd at ddibenion bywyd beunyddiol rhaid iddo dderbyn yr hyn y mae'n ei amau yn ei stydi. 'Y mae ei weithredoedd a'i eiriau bob amser yn anwireddu ei gilydd.' Nid yn unig y mae'r Sgeptig yn anghyson, y mae hefyd yn ei dwyllo ei hunan.

Ond y mae math o ymwybyddiaeth sydd yn fyw iawn i'r straen o geisio gafael yn yr anghyfnewidiol a'r tragwyddol heb wadu realiti'r cyfnewidiol a'r materol. Poen ingol i'r ymwybyddiaeth yma yw ei gweld ei hun ynghlwm wrth y cyfnewidiol a chredu yr un pryd mai i'r anghyfnewidiol a'r tragwyddol y perthyn ei gwir hanfod. Y mae'n union fel pe bai ymryson yr arglwydd a'r gwas yn digwydd o fewn yr un ymwybyddiaeth. Enw Hegel ar honno yw 'yr Ymwybyddiaeth Anniddig'.

Mae Cristionogaeth (yn enwedig Catholigiaeth y Canol Oesoedd) yn fynegiant o'r cyflwr hwn ac yn debyg i safbwynt y Stoic a'r Sgeptig yn gymaint â'u bod hwy, yn y naill achos, yn diystyru'r byd ac yn y llall yn ei wadu, a'i bod hithau yn edrych ymlaen at fyd arall sy'n annibynnol ar y byd hwn. Arwyddir y cyflwr hwn i ni yn athrawiaeth y Drindod: mae Duw y Tad yn symbol o'r hunan delfrydol a pherffaith, y Mab yn dangos i berffeithrwydd ymgnawdoli mewn unigolyn, a deil yr Ysbryd Glân y gobaith i ni y gall yr hunan unigol gyfranogi yn y Perffeithrwydd Digyfnewid. (Gwendid dull yr eglwys o gyflwyno'r athrawiaeth yw rhoi'r argraff mai un digwyddiad unigol mewn hanes oedd ymgorfforiad y digyfnewid.)

Mae gan grefyddwyr nifer o ffyrdd i geisio cyrraedd hunanymwybyddiaeth lawn. Un ohonynt yw'r profiadau cyfriniol a'r teimladau mewnol a gyfyd wrth addoli. Eithr nid yw dyn yn dod yn ymwybodol o ddim ond ei deimladau goddrychol ei hun ar hyd y llwybr hwn. Ni ellir amgyffred y Digyfnewid drwy deimladau.

Nodweddir Ymwybyddiaeth Anniddig gan agwedd wyriedig at waith. Yn lle gweld ei lafur fel tystiolaeth i'w wrthrychedd, priodola dyn y medrau a'r talentau a fedd, a'r byd y gweithia ynddo, i Dduw. Ystyria ei lafur fel cyfrwng i Dduw ei fynegi ei hun. Rhaid ymwadu felly ag unrhyw foddhad a ddaw o'r gwaith, ond ar waethaf ei holl ymdrechion, boddhad a deimlir – un ai o'r gwaith ei hun, neu hyd yn oed o lwyddo i beidio teimlo boddhad! Sut bynnag y mae hi, yr hunan amherffaith a foddheir.

Pen eithaf y llwybr hwn yw hunanymwadiad, sef gwrthod i'r hunan ei anghenion corfforol: y ddelfryd fynachaidd. Paradocs y ffordd hon yw fod y meddwl with geisio ymwadu â gweithgareddau'r corff yn mynd i ganolbwyntio ei holl sylw arnynt. Geilw am gymorth cyfryngol tad gyffeswr i fod yn ganolwr rhyngddo a Duw, ac yn hyn mae'n colli'r ewyllys i sylweddoli hunan-ymwybyddiaeth drwy ei ymdrechion ei hun. Ond er truaned ei gyflwr, mae'n rhagori ar y Stoic a'r Sgeptig yn y ffaith ei fod yn cymryd y byd o ddifri ac yn ceisio dod i delerau ag ef yn hytrach na'i anwybyddu.

Yn ddiau dyma adran enwocaf y *Ffenomenoleg*, onid yn wir y rhan enwocaf o holl waith Hegel. Nid yw'n anodd gweld paham. Drwy'r holl ymdriniaeth, arweinir ni o ris i ris yn unol â gofynion dilechdid y pwnc. Nid oes rheidrwydd rhesymegol i'r datblygiadau megis mewn ymresymiad mathemategol, a phe bai Hegel yn cynnal ei drafodaeth ar lefel haniaethol, ni welem y cysylltiad rhwng y gwahanol ddatblygiadau; eithr dewisodd ymresymu'n ddiriaethol iawn, a chan i ni adnabod yr agweddau a drafodir ganddo, gwelwn fod cysylltiad rhyngddynt. Y cysylltiad cudd hwn yw ysgogiad dilechdid. Pe bai Hegel heb ysgrifennu dim arall, byddai wedi ennill ei le blaenllaw yn oriel y meddwl modern gan i'r drafodaeth hon o'i eiddo ysbrydoli ideolegwyr ac arweinwyr chwyldroadol yn y ganrif ddiwethaf a'r ganrif hon.

Ymwybyddiaeth Gymdeithasol

Ar hunan-ymwybyddiaeth yr unigolyn yr oedd prif sylw ail ran *Ffenomenoleg Ysbryd*. Yn y drydedd ran mae Hegel yn olrhain datblygiad ymwybyddiaeth gymdeithasol yr unigolyn. Mae'r ymdriniaeth hon wedi gwreiddio'n sicrach o lawer yng nghyfnodau hanes na'r ymdriniaeth o ddatblygiad hunan-ymwybyddiaeth.

Yn fras mae tri chyfnod yn natblygiad yr ymwybyddiaeth gymdeithasol, sef:

(1) y cyfnod pan yw unigolion yn eu huniaethu eu hunain yn llwyr â gwerthoedd eu cymdeithas yn ddiarwybod iddynt eu hunain, megis y gwnâi'r Atheniaid gynt (y cvfnod a eilw Hegel wrth yr enw 'Y Drefn Ethegol');

(2) y cyfnod pan yw unigolion yn medru eu datgysylltu eu hunain ddigon oddi wrth fywyd eu cymdeithas i fedru cloriannu ei gwerthoedd a'u cwestiynu (cyfnod 'Ysbryd Ymwahanedig');

(3) y cyfnod pryd mae'n bosibl i unigolion integreiddio drachefn â gwerthoedd cymdeithas, ond gyda mwy o ddealltwriaeth o'r sefyllfa na than y Drefn Ethegol (cyfnod 'Ysbryd Hunan-hyderus').

Credai Hegel fod ymwybyddiaeth gymdeithasol yr Atheniaid yn sylfaenedig ar deyrngarwch dinesig a theyrngarwch teuluol, ac mai'r hyn a chwalodd yr ymwybyddiaeth honno oedd croesdynnu rhwng y ddau deyrngarwch. Yn ei lyfr *Vorlesungen über die Philosophie der Geschichte* (Darlithoedd ar Athroniaeth Hanes), fel y cawn weld yn y bennod nesaf, deil Hegel y daw'r Drefn Ethegol i ben oherwydd gwrthdaro rhwng gofynion dwy foesoldeb: moesoldeb seiliedig ar ofynion cyffredinol rheswm, a moesoldeb yn deillio o fywyd un gymdeithas arbennig.

Ar ôl yr ysgariad rhwng yr unigolyn a'i gymdeithas mae'r ymwybyddiaeth o unigoliaeth yn cynyddu ac yn cael cydnabyddiaeth ffurfiol yn y Gyfraith Rufeinig. Hebryngir cyfnod maith Ysbryd Ymwahanedig tua'i ddiwedd gan y Chwyldro Ffrengig, ond nid cyn i unigoliaeth gael ei mynegiant mwyaf eithafol yn unbennaeth y Frawychaeth.

Bellach, mae'n bosibl ail-integreiddio unigolion â chymdeithas mewn modd ymwybodol. Trefn fel hyn yn unig sy'n gwirioneddol haeddu ei galw'n foesol, ac yr oedd Hegel yn teimlo fod yr amodau'n aeddfed yn yr Almaen i greu'r fath gymdeithas. Rhoddodd ddisgrifiad manwl o berthynas yr unigolyn â'i gymuned mewn cymdeithas felly yn y llyfr *Sylfeini Athroniaeth Iawnder*, sy'n cael ei drafod yn mhennod naw. Ond yn awr, dyma grynodeb byr iawn o drydedd ran y *Ffenomenoleg*.

Man cychwyn y dilechdid hwn yw cymdeithas ddinesig yr hen Roeg. Yr oedd undod naturiol y gymdeithas honno wedi ei weu o amgylch dau begwn, sef Bywyd y Genedl, h.y. ei chyfraith a'i harfer, a'r hyn a eilw Hegel yn Ddeddf Ddwyfol, sy'n tarddu o fywyd cyntefig y teulu. Un o brif ofynion y Ddeddf Ddwyfol yw i'r teulu barchu'r meirwon. Drwy hynny, medd Hegel, y mae'r teulu'n gwneud yr ymadawedig 'yn aelod o gymdeithas nas gorchfygir gan rymoedd elfennau naturiol'. Cred Hegel fod gan y cof teuluol am yr ymadawedig ddylanwad trwm ar y byw. Mae'r teulu'n magu dinasyddion i'r wladwriaeth, a'r wladwriaeth i fod i amddiffyn y teulu, felly cyfrifoldeb y wladwriaeth yw diogelu'r defodau ynglŷn â'r meirw. Fel arfer y dynion sy'n gwarchod buddiannau'r wladwriaeth a'r merched sy'n gwarchod buddiannau'r teulu.

Eithr y mae yn y sefyllfa egin gwrthdaro rhwng gofynion y ddau, a dyma yw sylfaen trasiedi fawr Sophocles, *Antigone*. Y mae'r brenin Creon yn datgan na ddylid claddu corff Polyneices oherwydd ei deyrnfradwriaeth (camwedd yn erbyn Bywyd y Genedl), ond mae ei chwaer, Antigone, yn goruchuddio corff ei brawd, gan gyfiawnhau ei hanufudd-dod i'r wladwriaeth gydag apêl at ofynion y Ddeddf Ddwyfol. Yn wir y mae dylanwad merched, gyda'u teyrngarwch cyntaf i'r teulu, yn foddion i ddatgymalu gwladwriaeth, oherwydd maent yn personoliaethu ac yn unigoliaethu gwleidyddiaeth, drwy annog eu gwŷr i hyrwyddo buddiannau'r teulu ar draul buddiannau'r wladwriaeth, a throi'r ifanc o ffordd doethineb y tadau. Yn y bôn, gwrthdaro sydd yma rhwng yr unigol a'r cyffredinol.

Yr unig rym sy'n ddigon cryf i adfer yr ymwybyddiaeth ddinesig yw rhyfel. Mewn rhyfel bydd gwahaniaethau rhwng dinasyddion yn pylu a'r ysbryd cymunedol yn cryfhau. Eithr y mae hyn hefyd yn y diwedd yn gwrthweithio yn erbyn undod, a hynny mewn dwy ffordd. Mewn rhyfel daw gwroniaid maes y gad i'r amlwg a dyrchefir y dynion ifainc cryfion dros bawb arall. Hefyd, er fod elfennau amrywiol y genedl yn cael eu clymu'n nes at ei gilydd mewn rhyfel, bydd arwahanrwydd y wladwriaeth honno oddi wrth wladwriaethau eraill yn dyfnhau. Fel mater o ffaith, dadfeilio wnaeth y dinas-wladwriaethau Groegaidd, a chyda hwy daeth y Drefn Etholegol i ben. Hebryngir ni gan ddilechdid hanes i gyfnod yr Ysbryd Ymwahanedig.

Hwn yw'r cyfnod o fachlud Groeg hyd y Chwyldro Ffrengig. Mae'r unigoliaeth a dorrodd gymdeithasiaeth Groeg yn dod i'w llawn dwf yn yr Ymerodraeth Rufeinig gyda'r syniad o berson fel uned gyfreithiol, sef 'person' haniaethol a saif ar ei draed ei hun heb gyswllt â theulu na thras. Yn yr Ymerodraeth, nid yw cyfraith a bywyd dinesig yn gynnyrch bywyd traddodiadol y gymuned, megis yng Ngroeg gynt, lle'r oedd pob unigolyn yn gyfrannwr iddo ac yn gyfrannog ohono, eithr mae'n deillio o'r ymerawdwr (nad yw wedi'r cyfan yn ddim ond unigolyn ei hunan). Ofer i'r dinesydd chwilio am gadarnhad neu adlewyrchiad o'i hunaniaeth yn y wladwriaeth hon.

Wrth geisio dod i delerau â'r gallu 'allanol' hwn mae dynion wedi ymateb mewn un o ddwy ffordd: geilw Hegel y naill agwedd yn Ymwybyddiaeth Uwch a'r llall yn Ymwybyddiaeth Is. Bydd yr Ymwybyddiaeth Uwch yn derbyn yr awdurdod gwleidyddol ac yn deyrngar iddo, ond bydd yr Ymwybyddiaeth Is yn ymwybodol o gaethiwed ac yn ufuddhau i'r drefn gyda malais yn y galon, gan ddisgwyl cyfle i wrthryfela.

Yn raddol iawn, daw newid sylfaenol yn yr agweddau hyn ac fe'u trawsnewidir. Dengys Hegel hynny yn digwydd drwy ddadfeiliad ffiwdaliaeth a dyrchafiad y fwrdeisiaeth. Yn wreiddiol, mae teyrngarwch yr Ymwybyddiaeth Uwch, fel y'i corfforir yn yr uchelwyr, yn arwrol yn ei hunanaberth. Ond ni all barhau felly, oherwydd uchafbwynt hunanaberth yw angau, a chanlyniad anochel arwriaeth ddiderfyn fyddai difodiant yr uchelwriaeth. Rhaid i'r Ymwybyddiaeth Uwch sicrhau ffurf o ymgysegriad sydd ar yr un pryd yn llwyr ond heb fod yn arwain at ddifodiant, felly try gwrogaeth yr uchelwyr i'r brenin yn llw, sef ffurf o eiriau, yn hytrach na gweithred aberthol. O hynny allan, gan mai geiriau yn unig a ddisgwylir, telir gwrogaeth mewn termau cynyddol eithafol gan yr uchelwyr, ond geiriau yw'r cwbl, ac yn ddiarwybod llithra awdurdod o ddwylo'r brenin i ddwylo'r uchelwyr. Disodlir hunanaberth ym mynwes yr uchelwriaeth gan hunan-les. Dyma ddinoethi natur gwleidyddiaeth grym mewn gwladwriaeth nad yw'n wir ymgorfforiad o hunaniaeth ei holl ddinasyddion; dinasyddion a wnaed yn estroniaid yn eu gwlad eu hunain, ac sydd yn bodoli bellach er budd y dosbarth sy'n meddiannu grym a golud.

Byddid yn disgwyl i'r uchelwyr eu hunain ddarganfod yn eu golud, a'r gallu a ddaw yn ei sgil, gadarnhad o'u hunaniaeth, ond nid dyna yw eu profiad. Goruchafiaeth wag y mae'r Ymwybyddiaeth Uwch yn ei chael, oherwydd yn hwyr neu'n hwyrach gwêl ei hun fel defnyddiwr golud a gynhyrchwyd gan eraill. Yn hytrach na chadarnhau'r Ymwybyddiaeth Uwch yn ei hannibyniaeth mae'n datguddio ei dibyniaeth. Mewn gwrthgyferbyniad â'r datblygiad hwn, gwêl yr Ymwybyddiaeth Is olud yr uchelwyr fel mynegiant o'i gallu hithau, a daw yn ymwybodol o'i phŵer gan gynyddu mewn hyder. Try'r ysbryd gwrthryfelgar yn ysbryd ymffrostgar.

Mae ymryson yr Ymwybyddiaeth Uwch a'r Ymwybyddiaeth Is yn amlwg yn adlewyrchiad cymdeithasol o ymryson yr arglwydd a'r gwas yn yr adran flaenorol, ac fel yn yr achos hwnnw yn arwain at ymchwil am ddihangfa mewn crefydd. Ond yn yr oes fodern nid yw crefydd yn medru cynnig swcwr boddhaol wedi i seiliau ffydd gael eu herydu gan resymeg athronwyr Oes y Goleuo. Yn anffodus, ni lwyddasant hwy i roddi dim yn ei le sydd yn fwy credadwy (dim ond rhyw gysyniadau metaffisegol fel 'mater' neu '*être suprême*'). Eto, drwy ddinoethi twyll offeiriaid a gormes arglwyddi paratodd Oes y Goleuo lwybrau'r Chwyldro Ffrengig. Galluogodd yr unigolyn i sefyll ar ei draed ei hun a chwestiynu'r drefn. Eithr cafodd yr unigolyn syniad chwyddedig o'i ryddid a'i unigoliaeth. Wele ymddangosiad yr unigolyn hollol rydd: 'y mae'r byd iddo megis ei ewyllys ei hun, o honno'n ewyllys gyffredinol.'

Lle gomeddir unrhyw wahaniaeth barn oddi wrth yr ewyllys gyffredinol (fel y'i canfyddir gan yr unigolyn cryfaf ar y pryd), mae llywodraeth yn mynd yn ddrwgdybus o'i dinasyddion hi ei hun. Mae'r amheuaeth o annheyrngarwch yn ddigon o reswm dros ddienyddio ('*loi des suspects*'), a phen-draw'r cyfan yw cyflafan beiriannol ddi-deimlad lle bydd pennau yn disgyn i'r fasged fel 'tocio bresych'. Yn y sefyllfa hon, wyneba'r unigolyn bosibilrwydd ei ddiddymiad yn llythrennol ac mae'n profi'r ymddieithriad mwyaf eithafol posibl oddi with ei gymdeithas. Dyma ben llanw, a therfyn, gyrfa'r Ysbryd Ymwahanedig.

Yn y diwedd, methodd yr unigolyn â gorfodi ei ewyllys unigol ar y byd a'i gwneud yn ewyllys gyffredinol. Y cam nesaf, felly, yw ceisio cydweddiad yr ewyllys unigol â gofynion cyffredinol rheswm (fel ym moeseg Kant). Ond nid yw hynny'n bosibl ychwaith oherwydd fod rheswm yn cydymdreiglo â'r teimladau ym mhob person. Yn wyneb y ffaith fod gweithredu ar sail yr ewyllys resymol yn unig yn amhosibl tra byddom yn y cnawd, damcaniaethai Kant fod rhesymeg yn ein harwain at y posibilrwydd o ymberffeithio'n foesol ar angau. I Hegel, mae'r ymestyniad hwn gan Kant i'r arallfydol yn ganlyniad anochel i dorri'r undod cyntefig rhwng dyn a natur, corff a meddwl, unigolyn a chymdeithas. Adwaith yn erbyn y datgymalu ar y natur ddynol gan Kant a'i debyg oedd Rhamantiaeth. Yr un nod oedd gan y Rhamantwyr a Hegel, sef adfer y dyn cyflawn, serch eu bod hwy yn ceisio gwneud hynny o ochr y teimladau a Hegel o ochr rheswm. Gwelai'r Rhamantwyr gynneddf foesol naturiol sy'n ffrydio o'r bersonoliaeth ddynol, ac sydd yn ei mynegi ei hun fel cydwybod. Ond, meddai Hegel, peth cyhoeddus a chyffredinol yw moesoldeb a rhywbeth cyfrin ac unigol yw cydwybod. Onid y gwir amdani yw fod gwahanol gydwybodau yn aml yn anghyson â'i gilydd? O weithredu ar y fath sail ni ellid fyth fod yn sicr na thramgwyddid gofynion cyffredinol moesoldeb. Felly, rhag gweithredu, ac o bosibl ddifwyno eu purdeb, beth a wna'r Rhamantwyr ond ymroi i lenydda! Wele ymddengys yr enaid prydferth eto, sy'n llawn argyhoeddiadau geiriol ond sy'n ofni gweithredu (oni bai bod beirniadu a chollfarnu'r sawl sy'n fodlon gweithredu yn fath o weithred).

Gall y gwrthdaro rhwng rhyfyg y gweithredwyr a hunangyfiawnder y beirniaid gael ei drawsnewid os deuant i gydnabod ddiffuantrwydd ei gilydd, i gydnabod eu diffygion eu hunain ac i faddau y naill i'r llall. Oes, y mae posibilrwydd gwirioneddol y gall dynion gyd-fyw mewn goddefgarwch gyda hunan-barch. Eithr nid yw'r categorïau 'moesol' yn ddigonol i ddisgrifio'r cyflwr hwn o fyw; teimla Hegel fod yn rhaid iddo ddefnyddio categorïau crefyddol 'cyffes' a 'maddeuant' i'r pwrpas hwn. Mewn cymod mae dau wrthwynebydd yn cydnabod ei gilydd a hynny heb aberthu eu hunaniaeth; mae'r cyffredinol a'r unigol wedi eu huno a dyma arwyddocâd perthynas y Tad a'r Mab yn athrawiaeth y Drindod. Eithr nid yw'r cymod hwn wedi ei gyfyngu i Jehofa a Iesu o Nasareth canys swyddogaeth yr Ysbryd Glân yw ein dwyn ni oll i mewn i'r gymdeithas hon. Yn wir, y gymdeithas yw'r Ysbryd.

Cafwyd mynegiant cofiadwy o'r cymod sydd yn uchafbwynt i'r *Ffenomenoleg* yn yr ysgrif gynnar 'Ysbryd Cristionogaeth': 'Y cyfeillgarwch eneidiol hwn a ddisgrifir . . . fel ysbryd, yw'r ysbryd dwyfol, yw Duw . . . A oes syniad mwy prydferth na hwn, sef cenedl o ddynion sy'n perthyn i'w gilydd trwy gariad? A oes un [syniad] mwy dyrchafol na hwn, sef perthyn i gyfanrwydd sydd fel cyfanrwydd, fel un, yn ysbryd Duw, a'r aelodau unigol yn feibion iddo? . . . Mewn cariad ailddarganfu dyn ei hunan mewn arall.'

Iaith ddarluniadol yw cyfrwng crefydd ac y mae athroniaeth yn amcanu at fynegiant mwy uniongyrchol o'r gwirionedd. Dyma paham y bu Hegel yn ochelgar iawn wrth ddefnyddio'r termau 'cariad' a 'bywyd', sef y termau a ddefnyddiodd yn yr Ysgrifau Diwinyddol Cynnar i ddisgrifio moeseg yr Iesu. Y mae'r gair 'bywyd' yn awgrymu undod organaidd, sef yr undod a berthyn i bethau yn nhrefn natur. Y mae'r gair 'cariad' yn awgrymu ymdoddiad dau neu ragor yn un i'r graddau o golli eu hunaniaeth. Ond y mae Hegel yn awyddus i ni weld yr undod sydd ganddo ef dan sylw fel undod na ddaw yn naturiol, ac fel undod sy'n cofleidio gwahaniaethau heb eu dileu. Undod i'w ennill yw hwn drwy'r holl wrthwynebau dilechdidol. Rhaid ymdrechu i'w sicrhau a bydd yn dibynnu ar ddyfod amodau lle gall unigolion gydgydnabod ei gilydd heb golli eu hunaniaeth. Daeth yr amodau hynny yn sgil y Chwyldro Ffrengig. Yn awr daeth y posibilrwydd o fedru cydnabod a sicrhau cydnabyddiaeth yr un pryd, o wybod fel goddrych ac fel gwrthrych. Dyma paham y teilynga'r fath wybodaeth yr ansoddair 'absoliwt'.

Hegel a Hegelaeth

Cafodd syniadau *Sylfeini Athroniaeth Iawnder* eu collfarnu'n hallt iawn gan amryw o feirniaid rhyddfrydol a democrataidd. Meddai Bertrand Russell, er enghraifft, yn *History of Western Philosophy* (1946): 'Dyma felly athrawiaeth Hegel am y Wladwriaeth — athrawiaeth sydd, o'i derbyn, yn cyfiawnhau pob gormes o'i mewn a phob trais yn erbyn eraill ganddi y gellid eu dychmygu. Daw cryfder ei ragfarn i'r golwg yn y ffaith fod ei ddamcaniaeth ar y cyfan yn anghyson â'i fetaffiseg ei hun, a bod yr holl anghysonderau gyfryw ag i dueddu tuag at gyfiawnhau creulondeb ac anrhaith rhyngwladol. Gellir maddau i ddyn os yw rhesymeg yn ei orfodi i gyrraedd canlyniadau y mae'n gresynu atynt, ond nid am ymadael â rhesymeg er mwyn bod yn rhydd i gefnogi troseddau.'

Cyhuddir Hegel yn fynych o wyro oddi wrth ei egwyddorion ei hun er mwyn ysgrifennu llyfr a fyddai'n plesio ei gyflogwr newydd ym Mhrifysgol Berlin, llywodraeth adweithiol Prwsia. Eithr y mae digon o dystiolaeth yn y llyfr ei hun i wrthbrofi'r cyhuddiad, oherwydd yn groes i'r amgylchiadau ym Mhrwsia y mae *Sylfeini Athroniaeth Iawnder* yn dadlau dros frenhiniaeth gyfansoddiadol neu gyfyngedig; dros ryddid y wasg, ac eithrio'r hawl i enllibio a difrïo (nid i feirniadu, sylwer) person y brenin a'i weinidogion, ac i annog tor-cyfraith a gwrthryfel; dros lysoedd barn agored i'r cyhoedd; dros ryddfreiniad yr Iddewon; a thros gydnabod hawliau gwrthwynebwyr cydwybodol i beidio gwneud gwasanaeth milwrol. Dyma rai o nodweddion angenrheidiol y wladwriaeth resymol fel y cawn hwynt yn y llyfr ac nas cafwyd yn nheyrnas Prwsia rhwng 1815-30, lle yr oedd y frenhiniaeth yn absoliwt, sensoriaeth ar bob barn wrthwynebus a llysoedd yn gallu gweinyddu barn yn y dirgel.

Sut bynnag am yr amgylchiadau hanesyddol, erys athroniaeth wleidyddol Hegel yn wrthun i lawer oherwydd iddynt ganfod ynddi seiliau syniadol Ffasgaeth a Nazïaeth yr ugeinfed ganrif. Mewn ymosodiad ffyrnig ar Hegel y mae Karl Popper yn ei lyfr *The Open Society and its Enemies* (1945) yn nodi chwe syniad Hegelaidd sy'n sail i Ffasgaeth, sef (i) cenedlaetholdeb, (ii) goruchafiaeth y wladwriaeth dros foesoldeb, (iii) cwlt Gwŷr Mawr hanes, (iv) arwriaeth, (v) gwrthwynebiad hanfodol gwladwriaethau i'w gilydd, a (vi) moesoldeb rhyfel.

Daw yn amlwg yn fuan iawn fod y cyhuddiadau yn erbyn Hegel yn pwyso'n drwm iawn ar y ffaith fod modd eu cymhwyso i wasanaeth yr ideoleg Nazïaidd. Er enghraifft wrth drafod cenedlaetholdeb Hegel, ar hiliaeth y Sosialwyr Cenedlaethol y mae sylw Popper mewn gwirionedd. Dechreua drwy gyfeirio at y syniad Hegelaidd fod y wladwriaeth yn ymgorfforiad o Ysbryd, ac yna mae'n dweud mewn cromfachau 'dim ond i ni gyfnewid Gwaed am Ysbryd' y gwelwn darddiad y syniad modern mai mynegiant yw'r wladwriaeth o Waed, Pobl a Hil. Wrth gwrs, os caniateir i ni gyfnewid termau fel hyn, gellir priodoli unrhyw safbwynt i unrhyw athronydd! Fel mater o ffaith mae Hegel yn datgan yn bendant fod gwaed a hil yn hollol amherthnasol i ddyndod unrhyw ddyn. Byddai honiad i'r gwrthwyneb yn anghyson â gweddill ei athroniaeth.

Mae Popper ar dir sicrach pan yw'n trafod syniadau Hegel am y berthynas rhwng cenedl a gwladwriaeth. Nid yw'n llurgunio ei safbwynt pan ddywed fod Hegel yn credu fod cenedl ddi-wladwriaeth yn anghyflawn. Mae cenedl felly yn ddiffygiol mewn ewyllys a heb gyfrwng mynegiant cyflawn. Heb ei gwladwriaeth nid yw cenedl yn medru gweithredu fel cenedl, ac mewn canlyniad, nid oes iddi hanes gwirioneddol genedlaethol. Mae Popper hefyd yn deg pan ddywed fod Hegel wedi gweld posibiliadau seicolegol cenedligrwydd. Yn Hegel y mae'r genedl yn elfen hanfodol bwysig yn natblygiad hunan-ymwybyddiaieth yr unigolyn. Unwaith eto, nid yw'n amhosibl gweld apêl ymresymiad fel hyn at Hitler a'i debyg, ond mae llawn cymaint o apêl ynddo at Gandhi a'i debyg yntau. A go brin fod y ddau genedlaetholdeb yna gyfwerth yng nghlorian foesol Popper.

Yr elfen fwyaf sinister a wêl Popper yng nghenedlaetholdeb Hegel yw'r syniad fod i bob cenedl ei hawr fawr ar lwyfan hanes. Eithr nid cyfiawnhâd dros sefydlu Reich y Mil Blynyddoedd yw hynny, dim ond datgan fod pob cenedl, fel popeth byw, yn tyfu nes cyrraedd ei llawn dwf a'i hanterth, ac yna'n dirywio nes mynd yn fusgrell. Mae canolfannau grym yn y byd yn symud o genhedlaeth i genhedlaeth. Ffaith yw hynny; nid theori ddieflig.

Dyrchafodd Hegel y wladwriaeth gyfuwch â'r ddeddf — y ddeddf foesol a'r gyfraith fel ei gilydd yn ôl Popper. Ni ellir barnu gweithredoedd y wladwriaeth yn ôl unrhyw foesoldeb uwch. Unig lys barn y wladwriaeth yw hanes, a'r unig linyn mesur yw llwyddiant. Gor-symleiddiad o safbwynt Hegel yw hyn. Yr hyn a ddywedodd Hegel oedd fod y wladwriaeth genedlaethol yn sofran, a lle mae galluoedd sofran nid oes allu uwch i ddyfarnu rhyngddynt — onide ni fyddent yn sofran! Mater o resymeg syml yw hynny. Eithr nid yw'n dilyn mai 'trechaf treisied, gwannaf gwichied' a ddylai nodweddu'r berthynas rhyngddynt. Dywed Hegel yn hollol ddiamwys ym mharagraff 342, 'nid dim ond dedfryd grym yw hanes y byd'. Wrth gwrs, o gymryd perspectif hanes-byd ar bethau bydd arwyddocâd rhai digwyddiadau yn ymddangos yn dra gwahanol i'r ffordd y gwelai unigolion hwynt. O safbwynt unigolyn gall digwyddiad cenedlaethol godidog a gogoneddus fod yn drychineb ac yn loes. Y cwestiwn yw, pa safbwynt sy'n rhoi'r gwir berspectif i ni? Nid unigoliaeth ynysig bid siŵr, oherwydd anallu hwnnw i gynhyrchu gwerthoedd gwrthrychol.

Gallwn ystyried y syniadau o Wŷr Mawr hanes ac arwriaeth genedlaethol gyda'i gilydd. Yma deuwn at syniad sy'n ymddangos fel pe bai'n sail i gwlt yr Arweinydd — 'The Great Dictator' chwedl Popper. Rhaid cyfaddef yma eto fod elfen o wirionedd hanesyddol yn y syniad. Drwy gydol hanes y mae unigolion arbennig wedi crisialu ysbryd yr oes ac wedi gosod eu marc ar eu cyfnod. Ond nid yw Hegel yn unman yn argymell unbennaeth fel y ffurf fwyaf rhesymol neu fwyaf ysbrydol ar lywodraeth. Pe bai'n gwneud hynny, byddai'n rhaid anwybyddu gweddill y cyfansoddiad cytbwys a ddeilliodd o'i ymresymiad. Yn sicr, nid oes gymeradwyaeth foesol i'w chael yn *Darlithoedd ar Athroniaeth Hanes* nac yn *Sylfeini Athroniaeth Iawnder* i'r cewri hanesyddol sy'n chwarae rhan mor allweddol yn hanes y byd gan fod Hegel yn dweud eu bod yn aml yn cael eu hysgogi gan gymhellion annheilwng a'u bod heb ddeall arwyddocâd hanesyddol eu gweithredoedd.

Mae'r cyhuddiad o annog cenhedloedd i fod yn 'arwrol' yn deillio o sylw Hegel fod y genedl sy'n cyrchu at ei nod cenedlaethol yn 'aflonydd'. Y mae'n difrïo bywyd cenedlaethol 'tawel', gan ei alw'n 'weithgaredd diwrthwynebiad'. Heb wrthwynebiad, wrth gwrs, 'does dim symudiad dilechdidol ymlaen. 'Nid theatr o hapusrwydd yw hanes y byd. Y mae cyfnodau o hapusrwydd yn dudalennau gweigion ynddo.' Gwrthwynebedd yw sail hunaniaeth pob peth unigol, ac oni bai fod cenedl mewn cyflwr o wrthwynebedd i genhedloedd eraill, fe gyll ei hunaniaeth, a bydd yn ymdoddi mewn uned genedlaethol arall. 'Y mae'r wladwriaeth yn unigolyn, ac y mae unigoliaeth yn ei hanfod yn golygu negyddaeth. Felly, hyd yn oed pe bai nifer o wladwriaethau yn eu ffurfio eu hunain yn deulu, byddai'r grŵp, fel unigolyn, yn codi gwrthwynebydd ac yn creu gelyn.' Fe welodd ein cyfnod ni yr union broses hon yn digwydd. Pan ymffurfiodd hen wrthwynebwyr yn deulu cyfeillgar yn N.A.T.O., wele ffurfio teulu arall gwrthwynebol, Cynghrair Warsaw.

Mewn termau hanesyddol, y mynegiant cryfaf o wrthwynebedd yw rhyfel. Felly, mewn byd o wladwriaethau sydd yn mynegi eu hunaniaeth, mae rhyfel yn anochel. Y mae rhyfel yn agwedd ar fodolaeth gwladwriaeth. Ni fu cyfnod yn hanes y gwledydd hyd yn hyn pan nad oedd rhyfel mawr neu fach yn rhywle. Ffaith ddiymwad yw hynny. Nid digwydd bod felly, yn ddamweiniol fel petai, a wnaeth ychwaith. Rhaid iddi fod felly. Gan hynny y mae'n ddiystyr galw rhyfel yn 'ddrwg'; mor ddiystyr â galw'r tablau mathemategol yn ddrwg. 'Nid yw rhyfel i'w ystyried fel drwg absoliwt nac fel damwain ddigyswllt hollol, sydd felly â rhyw achos damweiniol iddo, bydded hynny'n anghyfiawnder, blys cenhedloedd, neu'r sawl sydd â grym ganddynt, a.y.b., neu yn fyr, yn rhywbeth neu'i gilydd na ddylai fod.'

Ond y mae ymdriniaeth Hegel â rhyfel yn fwy beiddgar fyth. Nid yn unig mae'n dadlau nad yw rhyfel o angenrheidrwydd yn ddrwg, ond mae'n gweld y posibilrwydd y gall daioni ddeillio ohono. Y mae rhyfel yn ein dysgu'n fwy effeithiol nag unrhyw bregeth mai dros dro yn unig y mae golud y byd hwn. Bydd

Detholiad o *Hegel*

unigolion mewn rhyfel yn aberthu dros eraill yn y modd mwyaf anhunanol. Y mae'r ymdrechu a'r aberthu yn atgyfnerthu'r bywyd cymdeithasol drwy alluogi pobl i glosio at ei gilydd a chydweithredu i bwrpas.

Y mae'n bwysig iawn i ni sylweddoli nad argymell rhyfel fel polisi i unrhyw wlad y mae Hegel, ond dweud fod rhyfel yn anochel, a bod pethau da yn gallu deillio ohono yn union fel y gall pethau drwg ddeillio o gyflwr o heddwch a hunanfodlonrwydd. Rhaid i ni gofio'r pwynt a wnaed ym mhennod chwech, sef fod Hegel yn gweld athroniaeth fel ymgais i ddeall y byd, nid ei greu. Gwnaeth y pwynt mewn modd trawiadol iawn yn rhagair *Sylfeini Athroniaeth Iawnder*. 'Pan fydd athroniaeth yn peintio ei llwyd ar lwyd, bydd rhyw ffurf ar fywyd wedi heneiddio. Ni ellir ei hadfer gan lwyd ar lwyd athroniaeth, dim ond ei deall. Ni fydd tylluan Minerfa yn lledu ei hadenydd nes daw'r cyfnos.' (Mephistopheles yn *Faust* sy'n galw damcaniaethau am fywyd yn llwyd, o'u gwrthgyferbynnu â glesni pren bywyd ei hun. Duwies doethineb oedd Minerfa a bortrëedid yn fynych gyda thylluan fechan.) Deall a fu ac y sydd a wna athroniaeth, nid llywio a ddaw.

Nid yw'n hawdd cysoni'r safbwynt hwn â brwdfrydedd yr Hegel ifanc dros y Chwyldro Ffrengig, mae'n wir, ond nid yw'n amhosibl. Yr oedd y gwahanol ddehongliadau o safbwynt Hegel ar y mater yn mynd i rannu ei edmygwyr wedi ei ddyddiau ef. Er enghraifft, cafwyd mynegiant o safbwynt 'gweithredol' iawn ym 1838 gan August von Cieszkowski yn ei lyfr *Prolegomena zur Historiosophie* (*Rhagarweiniad i Athroniaeth Hanes*). Yn ei farn ef, nid yw'n ddigon i athroniaeth ddarganfod deddfau yr hanes a fu. Mae angen deall y gorffennol mewn modd gweithredol a fydd yn esgor ar athroniaeth ymarferol. Y gair a fathodd Cieszkowski am y deall gweithredol hwn oedd 'praxis'.

Nid gyda'r cwestiwn hwn y cododd y gwahaniaethau cyntaf ymhlith yr Hegeliaid, fodd bynnag. Er mwyn diogelu uniongrededd ei athrawiaeth a'i datblygu o fewn canllawiau derbyniol, dechreuodd cylch o feddylwyr gyfarfod yng nghartref Hegel o ganol 1826 ymlaen. Yn eu plith yr oedd athronwyr fel Karl Michelet (1801-93), Karl Rosenkranz (1805-79), Georg Gabler (1786-1853), Leopold von Henning (1791-1866), Hermann Hinrichs (1794-1861), a'r diwinyddion Karl Daub (1765-1836) a Philipp Karl Marcheineke (1780-1846). Dyma'r cylch a adnabuwyd yn ddiweddarach fel yr 'Hen Hegeliaid'. Ym mlwyddyn marw Hegel dechreuasant gyhoeddi'r *Gweithiau Cyflawn*, ac eisoes ymddangosai eu cylchgrawn *Jahrbücher für wissenschaftliche Kritik*. Yr oedd yr Hegeliaid hyn yn gytûn fod Hegelaeth yn hollol gyson â Christionogaeth Brotestannaidd. Wedi'r cyfan, yr oedd Hegel wedi dweud yn fynych mai'r un gwirionedd yr oedd Cristionogaeth ac athroniaeth yn ei ddatgan, ond fod athroniaeth yn rhagori ar grefydd fel datganiad ohono. Eto, yr oedd Hegel wedi ysgrifennu weithiau mewn termau eithaf pantheistaidd. Nid yw perthynas Ysbryd a'r Duwdod yn cael mynegiant diamwys yn ei weithiau, ac mae'n amlwg fod Ysbryd yn anwahanadwy oddi wrth y meddwl dynol. A yw Duw Hegel yn golygu mwy na chyflawnder hunan-ymwybyddiaeth ddynol? Ar yr ateb i'r cwestiwn hwn y dechreuodd yr Hegeliaid wahaniaethu ac ymbleidio.

Achlysur y gwahaniaeth barn oedd cyhoeddi llyfr D. F. Strauss (1808-74) ym 1835, *Das Leben Jesu* (*Bywyd yr Iesu*). Dadleuai ef y dylid dehongli hanes yr Iesu fel y cawn ef yn yr Efengylau mewn ffordd fytholegol. Adlewyrchiad yw'r mythau hyn o brofiad ysbrydol a dyheadau'r bobl a'u hysgrifennodd. Dyma'r radd o hunan-ymwybyddiaeth yr oeddynt hwy wedi ei chyrraedd. Darganfuasant wirionedd mawr iawn, sef dyfod Duw yn y cnawd. Ond, meddai Strauss, y mae hyn yn wirionedd cyffredinol, ac nid yn ddigwyddiad cyfyngedig i un Iesu o Nasareth.

Bu ymateb cryf i'r llyfr. I'r diwinyddion gwrth-Helegaidd, dyma gadarnhau eu hamheuon ynghylch oblygiadau rhesymegol Hegelaeth. I'r Hen Hegeliaid, a geisiai gofleidio Hegel a Luther, yr oedd llyfr Strauss yn ymdriniaeth anghytbwys ac yn ganlyniad gorbwysleisio un agwedd ar syniadaeth Hegel. Galwodd Strauss yr Hegeliaid a ddilynai ei ddehongliad ef yn asgell Chwith a'r Hen Hegeliaid yn asgell Dde neu Ganol yn ôl eu pellter oddi wrth ei radicaliaeth ef.

Buan iawn y datblygodd Hegelaeth y Chwith o fod yn bantheistaidd i fod yn atheistaidd. Radicaleiddiwyd yr Hegelwyr Ifainc gan lyfr dylanwadol iawn Ludwig Feuerbach (1804-72), *Das Wesen des Christentums* (*Hanfod Cristionogaeth*, 1841). Yn y llyfr hwn dadleuai mai un o brif nodweddion dyn yw ei allu i haniaethu. Er enghraifft, pe bawn yn ystyried prynu ceffyl byddwn yn ceisio amcanu beth oedd ei werth drwy ei gymharu yn fy nychymyg â'r hyn y disgwyliwn i geffyl da neu geffyl perffaith fod. Hynny yw, byddwn yn cymharu'r ceffyl a oedd ar werth â'r ceffyl haniaethol yn fy nychymyg (i weld beth oedd diffygion y ceffyl diriaethol). Yn yr un modd, meddai Feuerbach, gallaf fy nghymharu fy hun fel yr wyf mewn gwirionedd â dyn haniaethol a pherffaith yn fy nychymyg a dod yn boenus o ymwybodol o'm diffygion fy hun. Y duedd wedyn yw tadogi fy niffygion i ar bawb arall a dweud fod y diffygion yn gyffredin i'r ddynoliaeth oll. Ond lle y chwiliwn wedyn am realiti sy'n cyfateb i'r perffeithrwydd dynol haniaethol?

Yn y nefoedd, meddai Feuerbach. Yn Nuw y gwelir pob perffeithrwydd dynol. Gwir destun diwinyddiaeth felly, fel yr oedd Strauss eisoes wedi maentumio, yw'r ddynoliaeth. Y mae dyn wedi tadogi ei bosibiliadau uchaf ar wrthrych a greodd ef ei hun ac wedi bodloni i adael i hwnnw arglwyddiaethu arno. Gwahanodd dyn ei hun oddi wrth ei wir botensial: arallodd ei wir natur. (Oni chlywir yma adlais awdur *Positifiaeth y Grefydd Gristionogol*?)

Dim ond y dechrau yw dinoethi gwir natur crefydd. Rhaid troi beirniadaeth y nefoedd yn feirniadaeth o'r ddaear meddai Karl Marx (1818-93). Yr oedd ef wedi ei drwytho ei hun yn syniadau Hegel ac wedi derbyn estyniad Feuerbach ohonynt gyda brwdfrydedd. Yr oedd arno eisiau eu hymestyn ymhellach. Nid Duw yw'r unig greadigaeth ddynol i gaethiwo dyn meddai Marx, y mae creadigaethau eraill o'i eiddo yn gwneud yr un peth, megis ei sefydliadau economaidd, gwleidyddol a chymdeithasol. Mynegiant o un math o gaethiwed dyn i'w greadigaethau ei hun yw crefydd; nid hwn yw'r math sylfaenol. Nid yw dyn yn mynd i ennill ei ryddid a'i wir ddyneiddiwch drwy ddiosg ei grefydd yn unig.

Mae'r troi cefn ar grefydd gan Hegeliaid y Chwith yn esgor ar fath o Hegelaeth faterol, a dyna'n sylfaenol yw Marxaeth, yr hyn a alwodd Marx yn wyddor materoliaeth ddilechdidol. Mae Marxaeth yn rhoi'r flaenoriaeth i'r materol, nid dros y diwinyddol yn unig, ond dros ymwybyddiaeth dynion yn gyffredinol. Hynny yw, yr amodau materol (e.e. perthynas dynion â'i gilydd yn y gwaith o gynhyrchu) sydd yn gyfrifol am ansawdd ymwybyddiaeth dynion. Byddai Hegeliaid y Dde yn barotach i bwysleisio blaenoriaeth ewyllys dynion dros eu hamgylchiadau materol.

Erbyn i Marx gyhoeddi ei gampwaith, *Das Kapital* (*Cyfalaf*, 1867), yr oedd dylanwad Hegel ar drai yn yr Almaen. Eto, cyhoeddai Marx ei ddyled fawr i'r 'meddyliwr nerthol hwnnw', a gwnaeth ddefnydd o dri syniad Hegelaidd sef: dilechdid — fel ffaith am y byd ac nid yn unig fel perthynas rhwng syniadau; hanes — fel proses ddilechdidol; a gwaith — fel cyfrwng sy'n ateb angen sylfaenol mewn dyn. Gosodwyd y syniadau hyn mewn cyd-destun newydd gan Marx, wrth gwrs, ond nid yw mor bell oddi wrth Hegel bob amser ag y tybiai. Yr oedd Hegel yn athronydd tipyn mwy diriaethol nag y cydnabyddai Marx.

Gwreiddioldeb Marx oedd disodli cenhedloedd a gwladwriaethau fel y prif *dramatis personae* yn nrama hanes â'r dosbarthiadau cymdeithasol. Cymerodd y dosbarth gweithiol o'r limbo yr oedd Hegel wedi ei adael ynddo a'i gydnabod yn offeryn cwblhau prosesau dilechdidol hanes. Nid oedd gan

Detholiad o *Hegel*

Marx amheuon ynglŷn â phriodoldeb rhagfynegi'r dyfodol ar sail astudiaeth o'r gorffennol, a dyna paham y galwodd ei athrawiaeth ef yn wyddor.

Trwy gyfrwng llyfrau Strauss a Feuerbach y daeth athronwyr gwledydd Prydain i gysylltiad â Hegelaeth gyntaf. Ym 1846, ymddangosodd cyfieithiad Saesneg o *Bywyd yr Iesu* ac ym 1854 gyfieithiad o *Hanfod Cristionogaeth* o law Marian Evans (1819-80), a ddaeth yn adnabyddus yn ddiweddarach dan ei ffugenw George Eliot. Cafodd y llyfrau hyn ddylanwad aruthrol ganol y ganrif ddiwethaf. Ni chafwyd ymdriniaeth â gwaith Hegel ei hun yn Saesneg tan 1865 pan ymddangosodd *The Secret of Hegel* gan yr Albanwr J. H. Stirling.

Mae'r llyfr hwn yn gosod Stirling yn bendant ymhlith Hegeliaid y Dde a'r garfan honno a welai yng ngwaith Hegel amddiffyniad o Gristionogaeth. Y flwyddyn ganlynol, 1866, penodwyd Edward Caird (1835-1908) i gadair Athroniaeth Foesol Prifysgol Glasgow, a gwnaeth fwy na neb arall i boblogeiddio Hegelaeth. Erys ei lyfr rhagarweiniol, *Hegel* (1883), yn glasur gwerth ei ddarllen hyd heddiw. Perthynai yntau i adain Dde yr ysgol Hegelaidd. Ei olynydd yn y gadair ym Mhrifysgol Glasgow ym 1894 oedd y Cymro Syr Henry Jones (1852-1922) a fuasai gynt yn un o'i fyfyrwyr. Cyn hynny, bu'n darlithio yng ngholeg newydd Aberystwyth, ac ef oedd Athro cyntaf Adran Athroniaeth Coleg y Gogledd ym Mangor, swydd y bu ynddi o 1884 hyd 1891. Yn ystod y cyfnod hwn, ceisiodd ef a'i gyfaill mawr, Syr John Morris-Jones, gyfieithu *Athroniaeth Crefydd* Hegel i'r Gymraeg, ond ni welodd y gwaith olau dydd, yn anffodus. Yr oedd Syr Henry yn gyfrannwr i gasgliad o draethodau pwysig iawn gan nifer o Hegeliaid Albanaidd a gyhoeddwyd ym 1883 dan y teitl, *Essays in Philosophical Criticism*. Cyhoeddodd lyfrau ar syniadau athronyddol Browning (1891) a Lotze (1895), ond mae'n debyg mai ei lyfrau pwysicaf oedd *Idealism as a Practical Creed* (1909), *The Working Faith of the Social Reformer* (1910), ac *A Faith that*

Enquires (1922), sef ei ddarlithoedd Gifford. Mae ef yn agosach na neb o'r Hegeliaid Albanaidd at adain ganol Hegelaeth, fel y prawf anesmwythyd blaenoriaid capel M.C. Llanfairpwll ynglŷn â'i ail-wahodd i bregethu yno. Eglurodd Syr John Morris-Jones wrtho fod y brodyr yn poeni am iddynt glywed fod Syr Henry yn gwadu dwyfoldeb yr Iesu. Atebodd yntau nad oedd erioed wedi gwadu dwyfoldeb unrhyw ddyn!

Aeth Henry Jones ymhellach na'i gyfoeswyr Hegelaidd yn yr Alban yn ei barodrwydd i gydnabod dylanwad y materol ar y meddyliol. Yn ei syniadaeth gymdeithasol, y mae'r tensiwn rhwng rhyddid yr unigolyn a gofynion cymdeithas yn amlwg, ac mor nodweddiadol o waith Hegel ei hun. Gwelodd ambell un wrthdrawiad yma rhwng 'Prwsiaeth' Hegel a Rhyddfrydiaeth Gymreig Syr Henry, ond mae'r ddamcaniaeth honno'n ddianghenraid — mae'r tensiwn yn Hegel yn barod. Nid na fu i'r dimensiwn Cymreig achosi problemau i Henry Jones. Wrth iddo annerch Undeb Chwarelwyr Gogledd Cymru ar *Dinasyddiaeth Bur* (cyhoeddwyd 1911), mae'n siarad mewn termau Hegelaidd croyw, ond oherwydd ei fod yn defnyddio'r termau 'cymdeithas', 'gwlad' a 'gwladwriaeth' fel petaent yn gyfystyr yn y cyswllt Cymreig, mae'n gwneud eithaf stomp o bethau!

> A ystyriasoch chwi erioed yr hyn a ddygir i ni gan y cysylltiadau cymdeithasol yn y Wladwriaeth, ac mor dlawd y byddem hebddynt? Ddeallasoch chwi na byddai gennym ddim; y buasem heb na iaith, na moes na chrefydd, a'n henaid yn noethlwm? Fel y sugna plentyn bach ei faeth o fronnau ei fam, felly y sugnwn ninnau holl gynhaliaeth ein meddwl a'n hysbryd o fronnau Cymdeithas. Ein gwlad a'n magodd ni, ein gwlad a'n piau ni. Iaith pwy sydd ar dy wefus di, onid iaith dy wlad? Arferion pwy a welaist, ac a ddynwaredaist ac a gofleidiaist ti, onid arferion dy wlad? Ai ti a ddyfeisiodd y gwahaniaeth a weli di rhwng y drwg a'r da? A ddyfeisiaist ti unrhyw un o elfennau bywyd gwâr? Ai ti sefydlodd ddeddfau dy foes, ac a osododd sylfaeni dy gred

Detholiad o *Hegel*

grefyddol? Na! Benthyg ydynt bob un. Fel yr awyr a'r heulwen a'r gwlaw a'r gwlith a'r pridd i'r pren, felly i enaid dyn ydyw'r hynny a ddyry'r Wladwriaeth iddo. Is nag anifeiliaid y maes a fyddem oni bai am ein gwlad.

Pwysleisiwyd natur gymdeithasol yr hunan unigol a'i angen am gyfryngaeth cymdeithas wrth sylweddoli ei dda pennaf gan yr Hegelydd Seisnig T. H. Green (1836-82). Bu Green farw yn ifanc, ond cafodd ei fywyd a'i lyfr *Prolegomena to Ethics* (a gyhoeddwyd ym 1883 wedi ei farwolaeth) ddylanwad mawr yn Rhydychen ac ar yr hinsawdd athronyddol yn Lloegr. Erbyn troad y ganrif, cododd cenhedlaeth o athronwyr Seisnig a oedd yn cynhyrchu gweithiau â dyled amlwg i ddylanwad Hegel ond a oedd yn torri cwysi newydd iawn, ryw fath o Hegeliaid diwygiedig, dynion fel F. H. Bradley (1846-1924), Bernard Bosanquet (1848-1923), a J. M. E. McTaggart (1866-1925). Erbyn diwedd ail ddegawd yr ugeinfed ganrif, fodd bynnag, yr oedd haul Hegelaeth yn machlud ym mhrifysgolion gwledydd Prydain ac yn gorfod ildio i waith disglair yr athronwyr dadansoddol fel Russell a Moore. Yn ystod ail hanner y ganrif, y mae'r diddordeb yn Hegel wedi cynyddu yn ddirfawr, yn arbennig felly ar y cyfandir ac yn America. Y mae hyn i'w briodoli, yn ddiau, i'r cynnydd mewn astudiaethau Marxaidd, a'r sylweddoliad fod llawer o themâu canolog dirfodaeth yn tarddu o waith Hegel. Yn sicr, ni ellir deall teithi meddwl yr ugeinfed ganrif ac anwybyddu Hegel.

'A oes a'ch deil o hyd mewn Cof a Chalon?' Myfyrdodau ar theatr a pherfformio byw yn sgil y cyfnod clo

Lisa Lewis

A oes a'ch deil o hyd mewn Cof a Chalon,
Hen bethau angofiedig teulu dyn?
Waldo Williams[1]

YN YSTOD PANDEMIG COVID-19, bu'n rhaid cau theatrau a mannau eraill lle byddai pobl yn arfer ymgynnull i wylio perfformiadau byw. Roedd hyn yn ergyd fawr i'r diwydiant, gyda nifer sylweddol o weithwyr yn colli eu swyddi o ganlyniad. Bu'n rhaid canfod ffyrdd newydd o greu theatr, ac er bod perfformiadau ar-lein yn gyffredin cyn y pandemig, nid oeddent yn gyffredin i bawb, gan gynnwys cynulleidfaoedd a nifer o gwmnïau theatr. Yn ystod y cyfnod clo, daeth perfformiadau digidol ar-lein yn arfer boblogaidd (i'r sawl a chanddynt y dechnoleg angenrheidiol). Roedd yn ddargyfeiriad llwyddiannus iawn mewn sawl ffordd a chafwyd arlwy rhyfeddol, gyda chyfleoedd i fynychu perfformiadau theatrau pell i ffwrdd, neu berfformiadau rhithiol personol, agos-atoch, lle'r oedd modd rhyngweithio gyda'r perfformwyr. Y farn gyffredinol oedd bod y cynnyrch digidol, boed yn berfformiadau byw neu'n gynyrchiadau a recordiwyd ymlaen llaw, wedi democrateiddio'r broses o fynychu theatr a'i gwneud yn fwy hygyrch i ystod ehangach o bobl.[2] Achosodd hyn drafodaeth am yr hyn yw theatr yn ei hanfod.[3] Yn naturiol ddigon, fe gododd cwestiynau ynghylch rhai o'r trafodion sylfaenol sy'n diffinio theatr a pherfformiad fel celfyddydau 'byw'. Mae'r trafodion hyn yn amlygu agweddau athronyddol ar y cyflwr o fodoli, cyflwr a adlewyrchir mewn modd unigryw trwy gyfrwng perfformiadau byw.

Yn yr ysgrif hon, olrheinir rhai o'r trafodion sylfaenol hynny gan ystyried a fu'r newid yn y profiad o fynychu a gwylio theatr yn ystod y cyfnod clo yn ddigon i ysgogi newid yn ein diffiniad o theatr a pherfformiad byw.

Diflannu a darfod

Disgrifiodd Herbert Blau berfformiad fel peth sy'n barhaol ar bwynt diflaniad.[4] Mae'r diffiniad o berfformiad fel rhywbeth sy'n diflannu yn destun trafodaeth amlwg mewn theori perfformio ers y 1970au, ac mae agweddau fel darfodedigrwydd (*ephemerality*) yn greiddiol i'r drafodaeth. Cyfeiriodd Barbara Kirschenblatt-Gimblett at ddarfodedigrwydd fel nodwedd ym mhob math o ymddygiadau perfformiadol: 'The ephemeral encompasses all forms of behavior – everyday activities, storytelling, ritual, dance, speech, performance of all kinds.'[5] Mae'r pwyslais ar weithgaredd sy'n darfod, ac ar ddiflaniad, yn effeithio ar y modd y diffinir gwrthrych yr astudiaeth, ac o ganlyniad, mae ystyried yr hyn sy'n weddill (olion y perfformiad a fu) yn hollbwysig i ddiffinio maes astudiaethau theatr a pherfformiad.

Canlyniad y pwyslais ar ddarfodedigrwydd y weithred o berfformio yw bod dadansoddiadau o berfformiad yn llawn trosiadau ynghylch colled. Ond mae'r trafodion yn mynd yn ddyfnach nag archwilio amodau'r gweithgaredd theatraidd a pherffromiadol. Maen nhw'n ymwneud â'r modd ontolegol y mae bywydau dynol yn seiliedig ar eu dirywiad anorfod. Mae'r honiad bod perffromiadau byw yn anadferadwy yn hannu o'r gred eu bod yn amlygiad o ddiflaniad ac o farwolaeth. Mae Blau yn tynnu sylw at y ffaith bod perffromiad, mewn ryw fodd, yn dwysáu ein hymwybyddiaeth o feidroldeb. Dywed fod hanfod perffromiad byw wedi'i ddiffinio gan y ffaith y gallai corff byw y perffromiwr farw, yn llythrennol, o flaen llygaid y sawl sy'n gwylio.[6] Felly, er bod perffromiad yn gyfrwng i bob math o ail-adrodd, gan gynnwys ail-berffromio dramâu ac arwyddion a welwyd o'r blaen, mae ei unigrywedd – y ffaith mai un waith y mae'n digwydd – yn tynnu sylw at gyflwr bodolaeth, ac yn ein harwain i ystyried y cyflwr o fod wedi'n lleoli mewn amser a gofod tra bod amser yn mynd heibio. Yn y cyd-destun hwn, ceir gan Peggy Phelan un o'r datganiadau mwyaf datblygiedig ar fodolaeth perffromiad, datganiad sydd, erbyn hyn, yn rhan greiddiol o'r drafodaeth gynhwysafwr ar berffromio 'byw'. Yn ei llyfr, *Unmarked: The Politics of Performance*, mae'n pwysleisio unigrywedd y weithred o berffromio gan esbonio bod hyn yn sail i'r ffaith nad oes modd ei gynrychioli mewn unrhyw fodd arall, ac yn fwy na hynny, bod ei fodolaeth yn seiliedig ar ei ddiflaniad:

> Performance's only life is in the present. Performance cannot be saved, recorded, documented, or otherwise participate in the circulation of representations *of* representations: once it does so, it becomes something other than performance. To the degree that performance attempts to enter the economy of reproduction it betrays and lessens the promise of its own ontology. Performance's being [...] *becomes itself through disappearance.*[7]

Mae Phelan yn datblygu ffordd o feddwl am berffromiad sy'n seiliedig ar y syniad o ddiflannu, ond mae'r perffromiad, wrth fynd rhagddo (wrth ddiflannu) fel pe tai'n cynnig modd i ni ddal gafael ar yr hyn a gollwyd.[8] Yn ôl Phelan, mae'r broses o ddisgrifio

'A oes a'ch deil o hyd mewn Cof a Chalon?'

a thrafod perfformiad a fu yn gymorth i ni ailafael a chofio'r hyn a gollwyd, ac mae'n meddyliau a'n trafodion am yr hyn a aeth heibio yn ein hatgoffa o'r modd y gall colled fod yn ystyrlon ac yn feithrinfa ar gyfer adferiad – adferiad y gwrthrych (y perfformiad, y ddrama) ac adferiad ar gyfer y sawl sy'n cofio.[9] Ac mae gwerth gwleidyddol yn y ffaith bod perfformiad yn brofiad sy'n seiliedig ar ddiflaniad: 'Without a copy, live performance plunges into visibility – in a maniacally charged present – and disappears into memory, into the realm of invisibility and the unconscious where it eludes regulation and control.'[10] Canfyddir gwerth perfformiad yn y syniad y gall carfan o bobl rannu profiad ystyrlon nad yw'n gadael olion gweladwy:

> Performance honors the idea that a limited number of people in a specific time/space frame can have an experience of value which leaves no visible trace afterward [...] Performances' independence from mass reproduction, technologically, economically, and linguistically, is its greatest strength. But buffeted by the encroaching ideologies of capital and reproduction, it frequently devalues this strength.[11]

Yn wleidyddol felly, mae gan berfformiad bosibiliadau fel cyfrwng sydd y tu hwnt i afael cylchrediad grymoedd cyfalafol. Yn ôl Phelan, mae hyn yn rhan o'r rheswm dros beidio â thadogi gwerth gwirioneddol i berfformiad byw: 'The pressures brought to bear on performance to succumb to the laws of the reproductive economy are enormous. For only rarely in this culture is the "now" to which performance addresses its deepest questions valued.'[12]

Problemateiddiwyd diffiniad Phelan o berfformiad byw gan Philip Auslander, am ei fod, yn ei farn ef, yn cynnig cyferbyniad gor-syml rhwng perfformiad byw a chyfryngedig ('reductive binary opposition of the live and the mediatized').[13] Mae'n seilio'i feirniadaeth ar y ffaith bod yr hyn sy'n cael ei

45

ddiffinio fel profiad byw, yn ei farn ef, yn newid dros amser ac mewn perthynas â datblygiadau technolegol.[14] Hynny yw, gall recordiad o berfformiad byw fod yr un mor rymus â pherfformiad byw yn y cnawd, ac nid oes modd tadogi mwy o werth i'r perfformiad byw nag i'r perfformiad a gyfryngir – nid ar sail gwreiddioldeb, na'r cysyniad o gymundod rhwng cyfranogwyr.

Mae beirniadaeth Auslander (a wneir mewn perthynas â cherddoriaeth fyw yn bennaf, er ei fod hefyd yn cynnwys theatr) yn seiliedig ar ei ragdybiaeth bod perfformiad byw yn fath o berfformiad a flaenoriaethir, tra bod perfformiad sydd wedi ei recordio yn eilradd. Prif fyrdwn ei ddadl yw bod y cyflwr 'byw' yn rhywbeth y mae modd ei brofi drwy gyfrwng perfformiad a gyfryngir. Go brin bod modd dadlau gyda'r safbwynt hwnnw yn ein cyd-destun presennol, ar ôl cyfnod hir o arlwy theatr ddigidol, y cyfan wedi'i gyfryngu drwy sgrîn y cyfrifiadur, y llechen, neu'r ffôn symudol. Ond nid yw Auslander yn talu fawr o sylw i'r cysyniad o ddiflaniad, sy'n ganolog i rym perfformiad fel y'i diffinir gan Phelan ac eraill.

Yn ei ymateb llythrennol braidd i ddadl Phelan, nid yw Auslander yn cydnabod cyd-destun athronyddol y drafodaeth yn llawn. Dywed nad yw'r gwrthwynebiad rhwng perfformiad byw ac un sydd wedi'i gyfryngu yn un sy'n hannu o nodweddion cynhenid y ffurfiau hynny, ond yn hytrach, eu bod wedi eu pennu gan amgylchiadau diwylliannol a hanesyddol.[15] Mae'n anwybyddu'r agweddau ffenomenolegol creiddiol sy'n rhan o'n dealltwriaeth gorfforol ac ysbrydol o'r hyn yw theatr neu berfformiad byw. Mae'r agweddau hynny'n cynnwys y syniad sylfaenol (a dadleuol) o bresenoldeb, a gwahaniaethau yn y modd yr ydym yn *canfod* ac yn *dirnad* gwahanol fathau o berfformiad byw.[16] Yn bennaf oll, nid yw Auslander yn cydnabod dadl Phelan bod darfodedigrwydd bodolaeth ddynol, sy'n gaeth i amser na ellir ei droi'n ôl, yn ganolog i'r diffiniad bod perfformiad yn fyw ac yn dod i fodolaeth wrth ddiflannu.

Mae Phelan yn cydnabod bod y cyflwr o ddod i fodolaeth *wrth* ddiflannu yn un amwys tu hwnt: 'Part of what performance knows is the impossibility of maintaining the distinction between temporal tenses, between an absolutely singular beginning and ending, between living and dying. What performance studies learn most deeply from performance is the generative force of those 'betweens.'[17] Er ein bod yn gwybod yn iawn bod amser a gofod yn ffurfio llinell a all blethu'r gorffennol â'r dyfodol, glynwn at yr ymdeimlad bod amser yn hedfan heibio eiliad wrth eilad gan adael dim byd ar ôl. Mewn perthynas â'r llwyfan, mae'r syniad hwn yn torri perfformiad yn gyfres o enydau sy'n mynd heibio, o'r ennyd sydd heb ddigwydd eto i'r ennyd sydd newydd fynd. O ystyried theatr yng nghyd-destun ei diflaniad, mae'r modd y mae'n ymddangos, hynny yw, y modd y mae'n trigo mewn amser, yn ymffurfio ac yn effeithio'r presennol, yn gynyddol anodd i'w ganfod. Lleolir perfformiad mewn tiriogaeth semiotaidd – tirlun o arwyddion *rhwng* ystyron penodol. Ac er bod y ddrama a'r digwydd theatraidd yn amcanu at greu ystyr rhwng llwyfan a chynulleidfa, mae'r perfformiad – y llestr gofodol ac amseryddol i'r broses arwyddo honno – yn diriogaeth lithrig. Cyfeiria David McDonald at berfformiad fel bod rhwng dau gyflwr: 'In between the signifiers of self and Other, subject and object, actor and character, fact and fiction, mind and body. The being-caught-in-between, the performance alive between the snap of being there and not there (*fort-da*) – literally onstage between offstage and out there – living on the borderlines between life and death.'[18] Paradocs datganiad Phelan, paradocs a awgrymir hefyd yn nyfyniad McDonald, yw bod y foment pan ddigwydd perfformiad yn cynnwys cyflwr deublyg; ar yr un pryd mae'n foment o ymddangosiad *ac* o ddiflaniad. Gellir dehongli perfformiad byw fel proses o ddarfod – canlyniad i broses o ddiflannu – ac ar yr un pryd, fel gweithgaredd sy'n llawn potensial, yr hyn y mae Phelan yn cyfeirio ato fel 'the generative possibilities of disappearance'.[19]

Mae'r diflaniad a brofir mewn perfformiad yn gyflwr a chanddo'r grym i gynhyrchu, a gellir dirnad perfformiad yn nhermau proses o ddod i fodolaeth yn gymaint y mae hi'n broses o ddiflaniad.

Ymddangos

Crëir profiad amseryddol mewn perfformiad trwy broses gymhleth o ryngweithio perfformwyr a chynulleidfa sy'n creu ymwybyddiaeth o amser yn mynd heibio. Ond wrth greu theatr, wrth ymarfer, nid yw'r crëwyr yn meddwl dim am ddiflaniad; i'r gwrthwyneb, mae'r pwyslais ar ddod â phethau technolegol ynghyd yn greadigol – er mwyn *ymddangos*. Yn y broses hon, nid peth haniaethol yw amser; amser sy'n plethu cyrff yr actorion, y set, y golau a'r sain a phob agwedd dechnolegol arall sy'n effeithio ar ystyr y cyfanwaith, oll ynghyd. Canolbwyntir yn y cyfnod ymarfer ar ymestyn amser neu ei gyfangu, ar fynd yn arafach neu'n gynt, ar wneud i bethau ddigwydd gyda mwy neu lai o egni; y cyfan yn effeithio ar ganfyddiad y gwyliwr o amser, canfyddiad a strwythurir gan dechnegau theatraidd o bob math. Ceir mewn cynhyrchiad haenau amseryddol a daw profiadau amseryddol o fathau gwahanol at ei gilydd. Gellir profi'r llif amseryddol yn nhermau'r presennol, 'nawr', ond mae hefyd yn ymwneud â'r gorffennol a'r dyfodol. Mae felly'n perthyn i, ac yn ffurfio'r profiad o gofio, ac o ddisgwyliad, yn ogystal ag yn canolbwyntio ar y foment. Mae'r ymwybyddiaeth o bresenoldeb mewn perfformiad yn cael ei ffurfio mewn haenau amser sy'n gweithredu fel presennol. Yn y theatr, mae amser yn cael ei gynhyrchu *gan* y perfformiad, ac *ar gyfer* y gwylwyr.[20] Daw'r broses hon i ben (proses o ddirnad arwyddion sy'n cyflyru ymwybyddiaeth arbennig o amser theatraidd) gyda diwedd y perfformiad, gyda'r foment lle y ceir cydnabyddiaeth bod y digwydd ar ben: mae'r llen yn cau, y gynulleidfa yn cymeradwyo, y perfformwyr yn cael eu cydnabod, a'r gynulleidfa'n gadael yn ddisymwth. Peth amlwg yw hyn, ond yn ôl Alan Read, mae'r diwedd a brofir yn y theatr

'A oes a'ch deil o hyd mewn Cof a Chalon?'

yn fath arbennig o ddiweddglo sy'n arwyddo perthynas rhwng yr hyn a fu ac a fydd:

> The sense of an ending one experiences in the theatre is an ethical encounter with all other endings one has known and will know. It is a rehearsal for, and a reiteration of, such endings and in this curious propensity to face forward towards light while receiving the past through one's back to the dark, turns around Paul Klee's storm tossed angelic figure, invites Walter Benjamin's 'angel of history' to peer into a past that as a stage is the back end of the future that awaits us outside, on the road.[21]

Felly, er bod perfformiad yn peidio mewn amser unionlin, gyda thoriad pendant yn y modd y'i cynhyrchir, mae'r cysyniad bod amser yn gontinwwm di-dor sy'n anwahanadwy wrth ofod yn caniatáu i ni weld nad yw perfformiad yn peidio wrth i'r llen ddisgyn. Yn hytrach, mae'n para yng nghorff a meddwl y sawl a fu'n dyst iddo. Nid yw darfodedigrwydd y perfformiad yn arwain at wacter; gall hefyd arwain at drawsffurfiad. Ar ddiwedd perfformiad, yn y foment olaf, ac yn y cyfnod sy'n ei ddilyn, nid symud at ddiddymdra a wneir; yn hytrach, mae'r cyfan yn cynnal datblygiad yr *ymddangosiad* ymledol a pharhaus, sy'n digwydd yn bennaf trwy gyfrwng y broses o gofio. Y duedd mewn ysgrifennu beirniadol yw pwysleisio'r ffaith bod perfformiad theatraidd yn ail-adrodd yr un testun, neu ei fod yn fersiwn/cynrychiolaeth newydd o ddrama adnabyddus. Oddi mewn i hynny, ceir awgrym o absenoldeb, o ddiffyg yn y weithred fyw, gan fod y fersiwn newydd ar lwyfan wastad yn *fersiwn*, ac yn ei hanfod, yr un peth â'r hen fersiwn a fu – yn ail-adroddiad, yn ddwbl, ac yn ffug (chwedl Platon).[22] Ond mae hyn yn anwybyddu grymoedd creadigol perfformiad, a wreiddir yn y foment ddarfodedig. Mae hefyd yn esgeuluso'r syniad y gall fod pethau'n aros ar ôl y perfformiad, ond yn aros mewn modd gwahanol.

Yn ôl José Muñoz, nid yw pethau diflanedig (*ephemera*) yn

diflannu; yn hytrach, maent yn faterol. Gan dynnu ar syniadaeth Raymond Williams ynghylch strwythurau o deimlad (*structures of feeling*), mae'n dadlau bod olrhain 'traces, glimmers, residues, and specks of things' sy'n weddill yn ffordd o brofi a ddefnyddir gan ddiwylliannau lleiafrifol, weithiau o reidrwydd, ac weithiau o ddewis.[23] Hynny yw, mae perfformiad yn galluogi ystod eang o ffyrdd o gofio. Mae perfformiad yn strwythuro ac yn ailstrwythuro gofod ac amser mewn modd cymhleth sy'n ddibynnol ar berthynas yr unigolyn â'r perfformiad dan sylw.

Mewn erthygl feiddgar, mae Rebecca Schneider yn awgrymu nad yw datganiad Phelan ('performance becomes itself through disappearance') yn honiad ontolegol ynglŷn â bodolaeth, ond yn hytrach, ei fod yn wahoddiad i feddwl am berfformiad fel cyfrwng lle mae diflaniad yn trafod materoldeb ('performance as a medium in which disappearance negotiates, perhaps becomes, materiality').[24] Dyma berfformiad fel proses-llanw-a-thrai rhwng diflaniad ac ymddangosiad. Yn y cyd-destun hwn, mae perfformiad yn agosach at ddefod, lle mae gwerth symbolaidd neu drawsffurfiol y perfformiad yn arwyddo ystyr dwfn. Gan gydnabod y posibilrwydd hwnnw o drafod materoldeb mewn modd defodol, mae Schneider yn ail-afael yng nghosodiad Phelan ac yn ei droi ar ei ben:

> Performance becomes itself through messy and eruptive reappearance, challenging, via the performative trace, any neat antimony between appearance and disappeareance, or presence and absence – the ritual repetitions that mark performance as simultaneously indiscreet, non-original, relentlessly citational, and remaining. [...] Indeed performance in this light can be figured as both the act of remaining and a means of appearance.[25]

Perfformiad ar ôl y cyfnod clo

Er bod perfformiadau digidol ac ar-lein wedi bod yn gynyddol bresennol fel rhan o dirlun y theatr ers blynyddoedd lawer, daeth

'A oes a'ch deil o hyd mewn Cof a Chalon?'

y we yn brif leoliad ar gyfer cyflwyno perfformiadau byw yn ystod y clo mawr, pan gaewyd theatrau. A newidiodd hyn baramedrau'r ddadl ynghylch perfformiad a darfodedigrwydd neu berfformiad ac ymddangosiad?

Pethau amlwg yn gyntaf. Mae perfformiad heb gyfagosrwydd (*proxemics*) rywsut yn wahanol; byddai rhai yn dweud, yn ddiffygiol. Ac o berspectif personol: ar y naill law roedd yn teimlo'n braf i fod mewn cyswllt ac i gydbrofi theatr ar-lein, yn brofiad emosiynol hyd yn oed, er nad oeddem yn yr un lle yn ddaearyddol. Nid oeddem 'chwaith yn clywed lleisiau yn teithio yn yr un awyr ac yn atsain yn erbyn muriau'r theatr; yn hytrach, rodden nhw'n dod atom drwy ddarseinydd y cyfrifiadur, a gallem droi'r sain i fyny neu i lawr. Nid oeddem yn gweld ac yn profi mewn modd a oedd yn caniatáu i ni ymestyn ein llaw i gyffwrdd. Ond roedd y fath berfformiadau rhithiol yn gyfrwg i beidio â bod heb theatr ac roedd y boddhad o hynny yn debyg i'r hyn a deimlir o weld teulu ar-lein, yn foment o adnabyddiaeth ddwys. Roedd gwylio theatr yn y modd hwn yn amddifad o'r alwad olaf ar ôl i'r llen gau, o'r gydnabyddiaeth lawn rhwng y perfformwyr a'r gwylwyr pan beidia'r perfformiad theatraidd, a phan sylla'r perfformwyr arnom ni sy'n gwylio. Yn hytrach, fe bwysom fotwm i ddiffodd y cysylltiad a 'Gadael', yn ddisymwth, heb ennyd i ystyried yr hyn a brofwyd a, gan amlaf, heb gyfle i gydnabod y ffin rhwng perfformiwr a thyst. Roeddem yn gwylio (yn fyw) o bell, ond digwyddiad wedi'i fframio ydoedd, un wedi'i gyfryngu fel pe baem yn gwylio teledu, a ninnau, gan amlaf (ond nid bob tro), yn anweledig. Roedd theatr ddigidol yn ystod y cyfnod clo yn gynrychiolaeth ryfedd o'r math o gyfathrebu a oedd yn gyffredin yn y cyfnod. Cyfathrebu a gyfryngir oedd hwn, ac ymhob agwedd ar fywyd, mewn addysg, mewn addoliad, mewn llywodraethiant, ac ar ei ffurf fwyaf eithafol, yn y gwasanaeth iechyd, ac ym munudau olaf bywyd. Fe ddaeth dealltwriaeth o bresenoldeb drwy gyfrwng y we yn beth cyffredin i lawer iawn o bobl, ac er mor ddiffygiol y profiad o safbwynt agosatrwydd, mi wnaeth y theatr ar-lein ganfod ystyr, gan dynnu pobl ynghyd yn hytrach na dieithrio. I rai, fodd bynnag, roedd y dechnoleg, er yn galluogi cymundod o fath, hefyd yn ymyrryd â'r math o gymundod a ddisgwylir mewn perfformiad byw. A oedd y dechnoleg 'yn y ffordd', felly, ac ym mha fodd yr oedd yn effeithio ar y diffiniad o berfformiad?

Yn ei ysgrif, 'The Question Concerning Technology', mae Martin Heidegger yn trafod y pedwar achos fel y'i diffinid gan athroniaeth – (1) *causa materialis*, y mater sy'n ddeunydd crai i'r hyn a grëir; (2) *causa formalis*, y ffurf y bydd y mater yn ei gymryd; (3) *causa finalis*, y pwrpas terfynol i'r hyn a grëir; a (4) *causa efficiens*, sy'n creu'r greadigaeth derfynol, h.y. y crëwr.[26] Mae'n esbonio sut y mae'r pedwar peth hyn yn dod â'r hyn nad yw eto'n bresennol i bresenoldeb; gan ddyfynnu Platon: 'Every occassion for whatever passes beyond the nonpresent and goes forward into presencing is *poēsis*, bringing-forth [*Her-vor-bringen*].'[27] Mae Heidegger yn awgrymu bod y cwestiwn ynglŷn â sut mae pethau'n cael eu creu (yn y theatr ac fel arall) yn fwy na thechnolegol. Mae'n ymwneud â'r modd o feddwl trwy fater, a'r tu mewn iddo, gan gynnwys ymgorfforiad. Mae archwilio technoleg yn golygu archwilio sut mae syniadau yn symud trwy'r byd ac yn ei ffurfio a'i ddad-ffurfio. I Heidegger, mae technoleg yn farddoneg (*poēsis*), ffurf ar gysylltiad dwfn rhwng syniadaeth a'r byd materol: '*Technē* belongs to bringing forth, to *poēsis*.'[28] Nid yw perffomiad, fel technoleg, fyth yn torri ei gysylltiad â bywyd; mae wedi'i wreiddio yng ngwead *poēsis*, y broses o wneud pethau. Ond sut mae'r broses o ddod â rhywbeth i bresenoldeb yn gweithio? Yn ôl Heidegger, mae dod â rhywbeth i fodolaeth (*poēsis*), wedi'i wreiddio yn y broses o ddadlennu (*alētheia*): 'Bringing-forth brings out of concealment into unconcealment. Bringing-forth propriates only insofar as something concealed comes into unconcealment. This coming rests and moves freely within what we call revealing.'[29] Mae'n gorffen ei ysgrif drwy ofyn y cwestiwn, a yw'r celfyddydau wedi eu galw i ddadlennu yn y fath fodd (drwy *poēsis*): 'Could it be that revealing lays claim to the arts most primally, so that they for their part may expressly foster the growth of the saving power, may awaken and found anew our vision of and trust in, that which grants?'[30] Mae pwyslais Heidegger ar feddwl mewn mater, a thrwyddo, gan gynnwys ein profiad corffedig ein hunain, yn gymorth i ddadlau o blaid swyddogaeth allweddol perfformiad fel ffurf ar ddadlennu, a phrofiad sy'n rhoddi, sydd wedi ei wreiddio mewn ymddangos (dod i fodolaeth), ac sy'n sylfaenol gynhaliol. Yn hyn, mae technoleg yn rhan annatod o wead y broses berfformio, yn ddull o ddadlennu sy'n amlygu'r modd yr ydym yn meddwl am y byd, ynghyd â'i ffurfio a'i brofi. Nid oes modd tynnu'r dechnoleg oddi wrth yr ystyriaeth o gelfyddyd fel *poēsis*, fel ffordd o ddyfod i fodolaeth.

Goddrychiaeth a gyfryngir

Tra'n ysgrifennu, mae'n rhy gynnar i wneud datganiad pendant ynglŷn ag effaith perfformiadau ar-lein a'u dylanwad ar gyfeiriad theatr i'r dyfodol. Mae theatrau bellach wedi hen ail-agor, er i rai gau'n derfynol hefyd, a chynnyrch ar-lein yn para mewn nifer o gyd-destunau, megis arlwy NT Live. Ond yn ystod y cyfnod clo, darganfu ymchwilwyr o Brifysgol Caerwysg bod perfformiadau theatr ar-lein (yn Lloegr) yn fwy pwysig i bobl nag unrhyw ffurf arall o berfformio ar-lein. Canfyddasant y byddai'r mwyafrif o bobl a brofodd theatr ddigidol yn ystod y cyfnod hwnnw yn parhau i dalu amdano unwaith i theatrau agor, gan ddangos bod cynulleidfaoedd digidol yn gweld theatr ar-lein yn fath newydd o brofiad – yn brofiad gwahanol ond angenrheidiol. Roedd cyfranogwyr hefyd yn fwy parod i dalu am berfformiadau byw ar-lein yn hytrach na pherfformiadau a recordiwyd, ac roedd gallu gweld ei gilydd a chymryd rhan weithredol yn y perfformiad yn atyniadol. Roedd yr angen i gyfranogi'n 'fyw' mewn perfformiad ar-lein yn amlwg iawn.[31] Yr hyn sy'n ddiddorol yw bod cynulleidfaoedd wedi ymroi i fodd gwahanol o brofi perfformiad byw, ac yn fodlon gyda'r ddarpariaeth ar-lein cyhyd â'i bod yn fyw. Mewn sawl ffordd, roedd theatr yn ystod pandemig COVID-19 yn adlewyrchu'r modd yr oeddem ni'n ymddwyn; yn ddrych o brofiad ac o fyd a gyfryngwyd. Yr oedd hefyd yn amlygu posibiliadau theatr, er waethaf y sefyllfa ddirfodol.

Yn syniadaethol, gweithiodd y profiad ar-lein yn erbyn y cysyniad o berfformiad fel peth darfodedig. Mae perfformiadau byw a gyfryngir yn rhai y mae modd eu hail-adrodd, yn rhai sydd ar gof a chadw ar ffurf ddigidol. Felly, hyd yn oed os mai unwaith y cawn brofi perfformiad ar-lein, mae'r dechnoleg sy'n cyfryngu'r perfformiad hwnnw, fel arfer, yn peri bod y perfformiad yn para mewn ryw fodd. Ac er bod y profiad yn un o wylio'r perfformiad byw ar sgrîn yn diflannu mewn amser o'n blaenau, yn yr un modd ag yn y theatr, mae'r perfformiad yn un a gyfryngir, ac a gedwir; hynny yw, mae'n ddiflanedig i ni yn y foment o wylio, ond nid yw'n gwbl ddarfodedig. Roedd y ffaith bod modd seibio'r sgrîn ac mewn ambell berfformiad ei ailddirwyn a'i ail-chwarae, yn tarfu ar y syniad mai unwaith yn unig y gellid ei brofi. A chyda pherfformiadau ar-lein byw, mae'r darllediad yn cyrraedd eiliadau'n hwyrach na'r foment y cafodd ei berfformio. Felly, ymddengys bod y cysyniad o berfformiad fel diflaniad yn colli grym yng nghyd-destun yr arlwy digidol, tra bod y syniad o berfformiad fel ymddangosiad yn parhau. A effeithiodd hyn ar allu perfformiad i greu profiad ystyrlon sydd y tu hwnt i rymoedd atgynhyrchiad (a chyfalaf), fel y mae Phelan yn ei awgrymu? Yr hyn sy'n rhyfedd yw bod y profiad o theatr ar-lein wedi cynnal y teimlad o fynychu perfformiad byw – roeddem yn mynychu/gwylio ar amser penodol, ac yn aml, ni fedrid ail-wylio'r perfformiad. I bob pwrpas, roedd nifer helaeth o'r perfformiadau yn rhai a oedd yn teimlo fel eu bod yn 'diflannu', felly. Ac roedd y profiad o wylio perfformiad yn fyw ar-lein yn gyffrous, ac fe barhaodd y teimlad, wrth

'A oes a'ch deil o hyd mewn Cof a Chalon?'

wylio, y gallai unrhyw beth ddigwydd; felly hefyd y tueddiad i ymroi i fod yn yr un ennyd (er rhai eiliadau yn ddiweddarach). Awgryma hyn fod ymroddiad y gwyliwr a'i ymwneud personol â'r perfformiad yn llywio'i ddealltwriaeth o'r profiad byw, a bod unigrywedd perfformiad yn cael ei ddiffinio yn gymaint gan y cyfranogwyr ag ydyw gan y cyfrwng (gofod diriaethol neu ofod y we). Nid yw'n wir, bellach, fod perfformiad yn diraddio neu'n ymddatod wrth gael ei atgynhyrchu neu ei gyfryngu (awgrym gosodiad Phelan). Yn wir, esgorodd y perfformiadau byw ar-lein ar brofiad o berfformiad a oedd yn diflannu ac yn ymddangos ar yr un pryd – yn union fel y gwna perfformiad yn y cnawd. Yn ogystal â hynny, dangosodd theatr y cyfnod clo bod y corff materol (a'r goddrych) wedi cael ei herio ac, i ryw raddau, ei ail-ddiffinio trwy dechnoleg yn ystod y pandemig, ac ein bod yn chwennych profiad theatraidd a adlewyrchai hynny.

Bydd perfformiadau ar y we, perfformiadau rhyngweithiol ac amgylcheddau rhithiol yn parhau i ymestyn ffiniau theatr, yn ogystal â'n syniadau ynghylch yr hyn yw perfformiad, a bydd angen llawer mwy o ddealltwriaeth arnom ynghylch y modd y mae prosesau perfformio yn cyfuno gyda thechnoleg a chyfryngau eraill i gynrychioli a pherfformio goddrychiaeth. Yn hytrach na derbyn bodolaeth hanfod ontolegol sefydlog, mae perfformiad yn herio'r cysyniad o'r hyn sy'n fyw, a'r modd y profir y cysyniad o'r hyn sy'n fyw. Ymgorfforwyd technoleg a chyfryngau tebyg gan theatr erioed er mwyn rheoli canfyddiadau o amser a'r profiad o'r hyn sy'n fyw, ac mae theatr erbyn hyn yn gyfrwng sy'n gorgyffwrdd ac yn amsugno cyfryngau eraill. Wrth i hynny barhau, bydd ein diffiniad o'r hyn yw theatr a pherfformiad 'byw', a'r modd y mae'n perthyn i fywyd ac yn ei adlewyrchu, yn parhau i esblygu.

Nodiadau

1. Waldo Williams, 'Cofio', *Dail Pren: Cerddi Waldo Williams* (Llandysul: Gwasg Aberystwyth, 1957), t. 78.
2. Tom Wicker, 'The Rise of digital: how streaming filled the live performance gap', *The Stage*, 9 Medi 2020: https://www.thestage.co.uk/long-reads/rise-of-digital-how-streaming-filled-the-live-performance-gap; Kelsey Jacobson, 'Theatre companies are pushing storytelling boundaries with online audiences amid COVID-19', *The Conversation*: https://theconversation.com/theatre-companies-are-pushing-storytelling-boundaries-with-online-audiences-amid-covid-19-141583; Charles McNulty, 'Digital theatre is all the rage, but could it destroy the live stage?', *Los Angeles Times*, 13 Mai 2020: https://www.latimes.com/entertainment-arts/story/2020-05-13/coronavirus-theater-digital-streaming-risks ; Gordon Cox, '"All Arts Organizations Are Media Companies Now": How the Pandemic is Transforming Theater', *Variety*, 24 Tachwedd 2020: https://variety.com/2020/legit/news/digital-theater-pandemic-broadway-1234836759/; Arifa Akbar, 'The next act: how the pandemic is shaping online theatre's future', *The Guardian* 21 Medi 2020: https://www.theguardian.com/stage/2020/sep/21/future-of-live-theatre-online-drama-coronavirus-lockdown; Lisa Lewis a Rhiannon Mair Williams, 'Gadael un golau ynghyn', 16 Mawrth 2020, *Blog COVID-19 y Ganolfan Cyfryngau a Diwylliant mewn Cenhedloedd Bach*: https://culture.research.southwales.ac.uk/news-and-events/news/gadael-un-golau-ynghyn/ (cyrchwyd pob gwefan 26 Medi 2021).
3. Patrick Svensson, 'Digital Theater Isn't Theater. It's a Way to Mourn Its Absence', *New York Times*, 7 Awst 2020: https://www.nytimes.com/2020/07/08/theater/live-theater-absence.html (cyrchwyd 26 Medi 2021); Maria Shevtsova (gol.), 'Covid Conversations', *New Theatre Quarterly*, 37 (2021): 1-3.
4. Herbert Blau, *Take Up the Bodies: Theater at the Vanishing Point* (Urbana-Champaigne: University of Illinois Press, 1982), t. 28 ('always at the vanishing point').
5. Barbara Kirschenblatt-Gimblett, *Destination Culture: Tourism, Museums, and Heritage* (Berkeley: University of California Press, 1998), t. 30.
6. Herbert Blau, *The Eye of Prey: Subversions of the Postmodern* (Bloomington: Indiana University Press, 1987), t. 181.
7. Peggy Phelan, *Unmarked: The Politics of Performance* (London: Routledge, 1993), t. 146. Fy mhwyslais i.
8. Ibid., t. 147.
9. Ibid.
10. Ibid.
11. Ibid., t. 149.
12. Ibid., t. 146.
13. Phillip Auslander, 'Digital Liveness: A Historic-Philosophical Perspective', *PAJ: A Journal of Performance and Art* 34: 3 (2012), t. 3.

[14] Ibid., t. 3.
[15] Ibid., t. 11.
[16] Gweler Steve Dixon, *Digital Performance* (Cambridge, MA: The MIT Press, 2007), t. 129.
[17] Cyflwyniad i *The Ends of Performance*, gol. Phelan a Jill Lane (New York: New York University Press, 1998), t. 8.
[18] David McDonald, 'Unspeakable Justice: David Hare's *Fanshen*' yn Janelle G. Reinelt a Jospeh R. Roach, *Critical Theory and Performance* (Ann Arbor: The University of Michigan Press, 1992), t. 130.
[19] Phelan, *Unmarked*, t. 27.
[20] Gweler Jon Erickson, 'Tension/release and the production of time in performance' yn Gabriella Giannachi, Nick Kaye a Michael Shanks (goln), *Archaeologies of Presence: Art, Performance and the Presence of Being* (London: Routledge, 2012), tt. 82–99. Mae Erickson yn defnyddio syniadau Kant a Husserl i drafod a dadansoddi natur amser mewn perfformiad.
[21] Alan Read yn Laura Cull ac Alice Lagaay (goln), *Encounters in Performance Philosophy* (Basingstoke: Palgrave Macmillan, 2014), t. 295.
[22] Ceir gan Platon gydnabyddiaeth lawn o rym theatr, ond mae hefyd yn ei gwrthod fel dynwarediad a all blannu syniadau newydd a dryslyd. Dynwarediad, neu gynrychiolaeth, o realiti (*mimesis*) yw'r egwyddor athronyddol gyffredin y tu ôl i bob celfyddyd yn ôl Platon. Mae theatr yn ddynwarediad o realiti, nid realiti ei hun, ac yn ei hanfod, felly, mae'n gamarweiniol a ffug. Mae'n dilyn nad gwirionedd yw'r hyn a gyflwynir yn y theatr, ond rhith o wirionedd. Deillia'r syniadaeth hon o dri chyflwr y gwrthrych (a amlinellir hefyd yn Llyfr X *Y Wladwriaeth*) – y gwrthrych delfrydol sy'n bodoli yn y meddwl; y gwrthrych a grëir gan ddynwaredwr, yn barod i'w ddefnyddio (y mae iddo swyddogaeth ond nid y gwrthrych perffaith mohono); a'r gwrthrych a ddynwaredir trwy gyfrwng delwedd gan artist (sy'n greadigaeth, ond heb ddefnyddioldeb fel gwrthrych). Mae drama yn ddynwarediad o'r syniadau a gyflwynir ynddi a'r theatr yn wrthrych dynwaredol – ac yn dri cham i ffwrdd o'r gwrthrych delfrydol, a'r pellaf oddi wrth wirionedd. Mae beirniadaeth Platon yn gonglfaen strwythur gwrth-theatraidd sydd ond yn dechrau dadfeilio erbyn ail hanner yr ugeinfed ganrif. Gweler Jonas Barish, *The Antitheatrical Prejudice* (Berkeley: University of California Press, 1981), lle mae'n trafod y ddrwgdybiaeth gyffredinol ynghylch celfyddyd ddynwaredol (*mimesis*).
[23] José Muñoz, 'Ephemera as Evidence: Introductory Notes to Queer Acts', *Women & Performance: A Journal of Feminist Theory*, 8:2 (1996), tt. 5-16 (t.10).
[24] Rebecca Schneider, 'Performance Remains', *Performance Research* 6:2, (2001), tt. 100–108 (t.106).
[25] Schneider, 'Performance Remains', t.103.
[26] Martin Heidegger, 'The Question Concerning Technology' yn David Farrell Krell (gol.), *Basic Writings from Being and Time* (1927) and *The Task of Thinking* (1964) (London: Routledge, 1994), tt. 313–314.

[27] Ibid., t. 317.
[28] Ibid., t. 318.
[29] Ibid., tt. 317–318.
[30] Ibid., t. 340.
[31] Gweler rhagor am ymchwil yr Athro Pascale Aebischer a Dr Rachael Nicholas ar y wefan ganlynol: https://www.creationtheatre.co.uk/about/digital-theatre-transformation-2/

Theologia Cambrensis:
Cipdrem ar hanes diwinyddiaeth yng Nghymru, 1760-1900

D. Densil Morgan

DECHREUWN GYDA DYFYNIAD GAN ddiwinydd mwyaf sylweddol Cymru degawdau olaf y bedwaredd ganrif ar bymtheg a phrifathro cyntaf Coleg Aberystwyth, sef Thomas Charles Edwards: 'The period of awakening and illumination in the Principality may be dated approximately from the beginning of the year 1845, when the first Welsh quarterly periodical made its appearance'.[1] Cyfeiriad oedd hwn at sefydlu'r *Traethodydd*, erbyn heddiw cylchgrawn hynaf Cymru, a gweledigaeth ei dad, Lewis Edwards, prifathro Coleg y Bala, a phrif ddysgawdwr y Gymru Ymneilltuol honno a oedd yn ei blodau pan wnaeth Thomas Charles Edwards y sylw hwn. Roedd *Y Traethodydd*, fel Coleg y Bala ei hun, yn rhan o ymgyrch Lewis Edwards i addysgu, goleuo a gwareiddio cenedl nad oedd yn brin o grefydd a duwioldeb, ond o'r ddyneiddiaeth Gristnogol honno a oedd yn gweddu i genedl gyflawn. 'This is my devoutest aspiration', meddai'r tad yn 1841, 'this is one of the inmost wishes of my heart of hearts, to see my beloved Wales restored to her proper place among the nations of the earth as the land of intellect and virtue'.[2] Deallusrwydd a rhinwedd oedd y nod, puro chwaeth a lledu gorwelion, ac i'r tad fel i'r mab roedd gan ddiwinyddiaeth – y ddealltwriaeth o

Dduw a'i ymwneud â'r ddynolryw yng Nghrist – ran ganolog yn y rhaglen.

Gyda 'Syniadaeth Gymreig' yn thema'r rhifyn hwn o *Astudiaethau Athronyddol*, gobeithio bydd crynodeb o ail gyfrol *Theologia Cambrensis* yn gweddu i'r achlysur. Prosiect yw *Theologia Cambrensis* i fapio siâp y meddwl diwinyddol Cymreig o 1588, blwyddyn cyhoeddi Beibl William Morgan, hyd 1900, blwyddyn marw Thomas Charles Edwards a gwawr yr ugeinfed ganrif. Cyhoeddwyd y gyfrol gyntaf, 1588 hyd 1760, yn 2018,[3] a'r ail gyfrol, 1760 tan 1900, ym mis Medi 2021. Pwrpas y bennod hon yw nodi rhai o brif nodweddion diwinyddol yr hyn a elwais yn 'the long nineteenth century',[4] a chynnig ple am bwysigrwydd y ddiwinyddiaeth Gristnogol fel rhan o'n disgwrs cenedlaethol o hyd.

Os 1845 oedd blwyddyn y deffro a'r goleuo yn nhyb Thomas Charles Edwards, mae hefyd yn gefndeuddwr cyfleus yn natblygiad diwinyddiaeth Cymru yn ystod y cyfnod dan sylw. Y tair prif ffrwd ym Mhrotestaniaeth Cymru oedd Anglicaniaeth yr Eglwys Wladol; Ymneilltuaeth ('Dissent'), sef yr Annibynwyr, y Bedyddwyr a'r hen Bresbyteriaid a oedd yn prysur droi yn Undodiaid; a'r Methodistiaid. Deiliaid Eglwys Loegr oedd trwch Cristnogion Cymru yn 1760, a'r Methodistiaid, wrth gwrs, yn drwyadl deyrngar i'r Hen Fam. Y peth olaf a fynnai Howell Harris a Daniel Rowland oedd creu rhwyg rhwng eu mudiad adnewyddol a'r fam-eglwys, ond am amryw resymau, erbyn 1811, pan ordeiniodd Thomas Charles 21 o'r pregethwyr i weinyddu sacrament y bedydd a Swper yr Arglwydd yn y seiadau, dyna a ddigwyddodd, gyda chyfundeb y Methodistiaid Calfinaidd yn troi, i bob pwrpas, yn eglwys ar wahân. Er mai 'Anglicaniaid' oedd Methodistiaid Cymru cyn hynny, roedd cryn wahaniaeth rhwng naws eu ffydd ac eiddo dysgawdwyr swyddogol Eglwys Loegr, heb sôn am y ffaith fod eu cynnyrch llenyddol yn fwy sylweddol o lawer. Rhwng 1760 a marw Thomas Jones o

Ddinbych yn 1820, Methodistiaeth a gynrychiolodd bopeth oedd yn wreiddiol, yn drawiadol ac ar adegau yn athrylithgar, yn y meddwl athrawiaethol Gymreig.

Y ffigwr pwysicaf, ar y dechrau, oedd William Williams Pantycelyn (1717-91), un y mae ei boblogrwydd fel emynydd wedi cuddio, i raddau, ei gyfraniad enfawr fel llenor rhyddiaith a dysgawdwr. Mae ei gynnyrch yn ystod y degawdau hyn yn cynnwys rhai o gyfrolau mwyaf ysblennydd llenyddiaeth Gymraeg erioed. 1762, blwyddyn 'Diwygiad Llangeitho', a welodd gyhoeddi ei gasgliad emynau mwyaf poblogaidd hyd hynny, *Caniadau y Rhai sydd ar y Môr o Wydr*, a gofynion bugeiliol y diwygiad eirias hwnnw a'i cymhellodd i lunio'r ddau waith rhyddiaith, *Llythyr Martha Philopur* (1762) ac *Ateb Philo-Evangelius* (1763). Rhyddiaith fugeiliol oedd hon, y naill yn rhoi llais, am y tro cyntaf erioed, i'r profiad benywaidd mewn crefydd, a'r llall yn apologia o blaid yr hyn a fyddai'n cael ei adnabod maes o law fel 'yr athrawiaeth Fethodistaidd am hanes'. Yn ôl Williams, cylchdro diorffwys oedd hanes yr eglwys yn cynnwys adfywiad a marweiddiad parhaus, gyda ffenomen diwygiadaeth yn ganolog iddo.[5]

Ond eto bardd oedd Pantycelyn a thrwy gyfrwng barddoniaeth yn ogystal â rhyddiaith y cyflawnodd ei swyddogaeth fel un o ddysgawdwyr pennaf ei genhedlaeth. Yn 1764 cyhoeddodd ail fersiwn ei epig *Golwg ar Deyrnas Crist*, yr hon a alwodd Saunders Lewis yn '*Summa Theologica* ar gân',[6] 1,366 o benillion yn disgrifio gwaith Duw yng Nghrist yn creu ac yn cynnal y byd, ac yn olrhain hanes yr achub o'r Cyngor Bore, gyda'r Mab yn ymgyfamodi â'r Tad i gadw dynolryw, hyd at yr Ailddyfodiad, y nefoedd newydd a'r ddaear newydd. Yn ogystal ag ehangder ei rhychwant, gogoniant y gân hon yw ei natur drwyadl Grist-ganolog. Nid dolen yng nghadwyn yr ethol mo'r Arglwydd Iesu ond canolbwynt pob peth. 'Y llinyn drwyddi', meddai Derec Llwyd Morgan, 'yw cyfraniad hollgynhwysol y Mab yng Nghynllun Duw [...] Arno

Ef y mae'n golygon o hyd'.[7] Peth nodedig arall yw'r cyfeiriadau mynych at seryddiaeth a bioleg, a'r troednodiadau helaeth (ysgrifau cyfan i bob pwrpas) yn goleuo'r ffyddloniaid yn y damcaniaethau gwyddonol diweddaraf. Dyma enghraifft amlwg o ddylanwad yr Aroleuo ar Ddiwygiad Efengylaidd y ddeunawfed ganrif.[8]

Ynghyd â'r epig hon, cyhoeddodd yn yr un flwyddyn epig ryfeddol arall, sef *Bywyd a Marwolaeth Theomemphus o'i Enedigaeth hyd ei Fedd* (1764), 1,500 o benillion y tro hwn, yn dilyn troeon mewnol y Methodist cynrychioliadol, o'i argyhoeddi o dan bregethu grymus Boanerges – y Daniel Rowland ifanc o bosibl – trwy ei ddychweliad wedi gwrando cenadwri achubol Evangelius, ac yna holl demtasiynau stormus y daith hyd nes cyrraedd porth marwolaeth a'r nefoedd draw. Os y greadigaeth allanol yw thema lywodraethol *Golwg ar Deyrnas Crist*, bywyd yr enaid yw nod amgen awen *Theomemphus*, sy'n gampwaith aruthrol yn nhermau llenyddiaeth greadigol. Y mae iddi, yn ogystal, werth amhrisiadwy i hanesydd athrawiaeth. Mae'r disgrifiadau llachar o bregethwyr y cyfnod: Arbitrius Liber a'i obsesiwn gyda rhyddid yr ewyllys ddynol; Orthocephalus a'i uniongrededd prennaidd; Schematicus a'i fanwl ddadansoddi di-fudd, heb sôn am Evangelius iachus, yn creu darlun byw iawn o'r amrywiaeth safbwyntiau a oedd ar gael yng nghrefydd canol y ganrif: Arminiaeth, Sosiniaith, Uchel-Galfiniaeth, antinomiaeth ynghyd â gwirioneddau canolog y ffydd ddi-ffuant.

Yn dilyn y ddwy gerdd unigryw hyn, cafwyd llond dwrn o weithiau rhyddiaith: *Crocodil Afon yr Aipht* (1767), *Hanes Marwolaeth Tri Wŷr o Sodom a'r Aipht* (1768), *Aurora Borealis: neu y Goleuni yn y Gogledd, fel arwydd o Lwyddiant yr Efengyl yn y Dyddiau Diwethaf* (1774), *Drws y Society Profiad* (1777), *Ductor Nuptiarum, neu Gyfarwyddwr Priodas* (1777), 'y mwyaf', yn ôl Derec Llwyd Morgan, 'o glasuron rhyddiaith Williams,'[9] ac yna y rhyfeddod annisgwyl hwnnw, *Pantheolgia, neu Hanes Holl Grefyddau'r Byd* (1779). Mae'r cwbl yn creu corff ysblennydd o ddysgeidieth, ond yr hyn sy'n drawiadol yw nid yn unig amrywiaeth y cynnwys ac, ar ei orau, athrylith y mynegi ond yr egni a'r cynnwrf sy'n eu nodweddu, a'r ymdeimlad fod byd newydd yn gwawrio a bod Cymru newydd yn y broses o gael ei chreu.

Yn Awst 1787, ac yntau erbyn hynny yn ei chwedegau hwyr, ysgrifennodd Williams at Thomas Charles a dweud: 'We are all galloping out of this world in the greatest haste'.[10] Byddai ganddo dair blynedd arall i fyw, ond gwyddai fod y genhedlaeth gyntaf o Fethodistiaid yn darfod ac un arall ar fin cymryd ei lle. Charles (1755-1814) a fyddai'n etifeddu mantell arweinyddiaeth y mudiad, ynghyd, cyn hir, â'i gyfaill pennaf, Thomas Jones o Ddinbych (1756-1820): gydag ymgartrefu Charles yn y Bala yn 1784, byddai echel Methodistiaeth yn symud o'r De i'r Gogledd. Cafodd y bartneriaeth rhwng y ddau ei selio ar dudalennau'r *Drysorfa Ysprydol*, y cylchgrawn a sefydlent ar y cyd yn 1799 er mwyn goleuo eu cyd-grefyddwyr a gwarchod hunaniaeth y mudiad yn yr un modd ag a wnaeth weithiau Pantycelyn a phregethau print Daniel Rowland yn y genhedlaeth gynt. Fel addysgwr beiblaidd yn bennaf byddai Charles yn cael ei adnabod, tra mai fel athrawieithwr hynod fedrus, cynllunydd y Galfiniaeth Gymedrol, y byddai Jones yn gwneud ei gyfraniad. Y nhw a fyddai'n llywio'r mudiad trwy'r hollt terfynol ag Eglwys Loegr yn 1811, a rhoi iddo gyfeiriad a chadernid yn ei flynddoedd cynnar fel cyfundeb ar wahân.

Fel Griffith Jones Llanddowror, clerigwr mewn llawn urddau oedd Thomas Charles, a roes bwys mawr ar gateceisio ei bobl a'u trwytho yn y gwirioneddau beiblaidd yn yr ysgolion, yr ysgolion cylchynnol yn achos rheithor Llanddowror, a'r ysgolion Sul yn achos Charles. Deunydd ar gyfer yr ysgolion Sul, a sefydlwyd yn y Bala i ddechrau yn 1785, oedd ei weithiau cynharaf, yn bennaf yr *Hyfforddwr yn Egwyddorion y Grefydd Gristnogol* (1807), a gyrhaeddodd ei ddeg-a-phedwar-ugeinfed argraffiad mor ddiweddar ag 1909. Y Ddiwinyddiaeth Ffederal, neu

Ddiwinyddiaeth y Cyfamodau, oedd sail y ddysgeidiaeth, fod Crist, yr Ail Adda, wedi byw bywyd dilychwyn, perffaith a dibechod, a thrwy ei aberth wedi cymryd arno'i hun y gosb a oedd yn ddyledus i'r ddynolryw yn yr Adda cyntaf, a thrwy hynny gynnig ymwared i'r sawl y byddai'r Tad nefol wedi'u hethol i fywyd. Gyda chynnydd rhyfeddol yr ysgolion Sul yn sgil y diwygiadau crefyddol, byddai miloedd dirifedi yn cael eu goleuo yn y schema hon. Wedi dychwelyd o daith trwy Sir Gaernarfon yn Hydref 1811 meddai:

> Everywhere the children met me by the hundreds, to be catechised which I did thrice every day [...] From the age of five to twenty-five they generally attend [the] schools, and many old people, grey-headed in ignorance, are stirred up by the young to seek for knowledge in the Bible in their old age. They are emerging out of ignorance *en masse*.[11]

Ochr yn ochr â'r *Hyfforddwr*, cafwyd mewn pedair rhan rhwng 1805 ac 1811, y *Geirlyfr Ysgrythurol*, neu yn ôl ei deitl diweddarach, *Y Geiriadur Ysgrythurol* neu 'Eiriadur Charles'. 'Y pwysicaf o'i anturiaethau llenyddol', meddai Lewis Edwards yng nghanol y ganrif, 'oedd y *Geiriadur Ysgrythurol*'.[12] Ar wahân i'r Beibl ei hun, y llyfr hwn, yn ôl prifathro Coleg y Bala, a wnaeth fwy i ddiogelu'r Gymraeg na dim, ac er mai goleuo'r werin yng nghynnwys yr ysgrythurau oedd y nod, cafodd Charles gyfle i fanylu ar y cwestiynau a'r atebion a restrwyd ganddo yn *Yr Hyfforddwr*. Yr un yw'r fframwaith diwinyddol sef y Galfiniaeth Gyfamodol, a'r un yw'r pwyslais: 'Os teimla neb awydd i ddarllen corff o ddiwinyddiaeth, er iddo chwilio y llyfrgelloedd helaethaf, nid yn fynych y canfyddir ag un gwell nag a feddir gan Gymry yn y *Geiriadur Ysgrythurol*',[13] meddai Edwards eto. 'Yr hyn yw *Corph o Dduwinydiaeth* George Lewis i Annibynwyr a *Gweledigad y Palas Arian* gan John Jenkins, Hengoed, i'r Bedyddwyr', meddai R. Tudur Jones, 'dyna yw *Geiriadur* Thomas Charles i'r Methodistiaid, a'r tri ohonynt yn mynegi gydag ychydig amrywiadau nerth y ddiwinyddiaeth Galfinaidd ac efengylaidd honno a fu'n gymaint dylanwad ar fywyd Cymru'r bedwaredd ganrif ar bymtheg'.[14] Cafodd y llyfr hwn glod nid yn unig gan ei gyfoeswyr, na chan arweinwyr Methodistiaid y ddwy ganrif o'r blaen, ond gan academyddion cyfoes. 'Fe luniodd eiriadur na ellir ond rhyfeddu ato',[15] meddai'r ysgolhaig beiblaidd Gwilym H. Jones: 'Heb amheuaeth yr oedd *encyclopaedia* un-dyn Thomas Charles yn un o gynhyrchion mwyaf rhyfeddol a gorchestol dechrau'r bedwaredd ganrif ar bymtheg'.[16]

Sy'n gadael Thomas Jones o Ddinbych. Yn wahanol i Charles, nid gŵr mewn urddau eglwysig ydoedd, ond ef a ddarbwyllodd ei gyd-arweinydd fod yr amser yn aeddfed i ymwahanu oddi wrth yr Eglwys Anglicanaidd. Nid cam pragmatig oedd hwn ond un roedd y sefyllfa hanesyddol yn ei hawlio, a hynny, yn ôl Jones, yn unol ag egwyddorion sylfaenol y Diwygiad Protestannaidd. Am ddwy genhedlaeth roedd y Methodistiaid Calfinaidd yn eu hystyried eu hunain yn fudiad adnewyddol oddi mewn i'r Eglwys Sefydliedig. Ar yr un pryd roedd ganddynt eu strwythurau eu hunain, moddion disgyblaeth ar wahân, roeddent yn gwbl annibynnol ar y gyfundrefn blwyfol ac yn ymwrthod ag awdurdod esgobol. Roedd yn sefyllfa amwys a dweud y lleiaf. Gyda threigl y blynyddoedd roedd llai a llai o Fethodistiad yn teimlo unrhyw gyswllt real â'r Fam Eglwys. Roedd litwrgi'r Llyfr Gweddi yn gynyddol fwy dieithr iddynt, ac ar ben hynny, roedd mwy a mwy o rieni yn gofyn pam oedd rhaid cyrchu tua'r llan er mwyn bedyddio'u plant, a pham na châi eu pregethwyr eu hunain weinyddu'r ddwy sacrament, bedydd a Swper yr Arglwydd, yn y seiadau. Tra bod hen do yr offeiriaid Methodistaidd – David Jones Llan-gan ym Morgannwg a David Griffiths, Nanhyfer, ym Mhenfro – mewn grym, doedd dim symud i fod. Ond gyda marw David Jones yn 1810, roedd yr amser yn aeddfed i symud ymlaen. Gan Thomas Jones y cafwyd y cyfiawnhad athrawiaethol.

'Nid ydwyf yn gallu galw i gof weled ohonof eglwys weledig yn cael ei darlunio gan neb rhyw ysgrifennydd', meddai, 'ond fel cynulleidfa o bobl a chanddynt Air Duw yn cael ei gywir bregethu, a'r sacramentau yn cael eu dyladwy weinyddu yn eu plith.' Ac yna:

> [Mae] cymmell neb o'n haelodau i geisio yr un o'r sacramentau oddi allan i gylch ein Corff ein hunain yn beth na ddylem fod yn euog ohono, gan ei fod yn groes i Air Duw, ac i arferiad cyffredinol eglwysi Duw yn mhob oes a gwlad.[17]

Roedd y *rationale* diwinyddol bellach yn anatebadwy; awdurdod terfynol Gair Duw ac arfer unol Eglwys Iesu Grist ar draws y canrifoedd. Nid sgism ond mynegiant o gatholigrwydd fyddai gadael yr Hen Fam. Gyda gweithred yr ordeinio trwy law Thomas Charles, yn y Bala ym Mehefin 1811, ac yna yn Llandeilo fis a hanner yn ddiweddarach, dyna gyfundeb y Methodistiaid Calfinaidd yn troi yn eglwys annibynnol yn ei hawl ei hun.

Roedd meistrolaeth Jones ar holl deithi eglwysyddol ac athrawiaethol nid yn unig y Diwygwyr Protestannaidd ond sgolastigiaid yr Oesoedd Canol a'r Tadau Eglwysig Cynnar, i'w gweld ym mil tudalen *Diwygwyr, Merthyron a Chyffeswyr Eglwys Loegr* (1813), 'Y Merthyrdraith'; 'Yn ddiamau', yn ôl Owen Thomas (y diwinydd o Lerpwl a thaid Saunders Lewis), 'y llyfr gorau i'w gyhoeddi erioed yn ein hiaith'.[18] Ynddo mae'n olrhain y llinyn Awstinaidd-Galfinaidd – sofraniaeth Duw a'r arfaeth – ar hyd y canrifoedd, ac yn dadlau, yn gam neu'n gymwys, mai cyfundeb y Methodistiaid Calfinaidd oedd gwir etifeddion cyfundrefn ddiwinyddol yr Archesgob Cranmer, yr Esgob John Jewel a Richard Hooker (sef yr Anglicaniaeth 'glasurol') yng Nghymru. P'un ai bod hyn yn argyhoeddi neu beidio, roedd y gyfrol yn gampwaith deallusol cwbl orchestol. Yn ôl yr Athro Idwal Jones: 'Erys *y Merthyrdraith*, o ran cyflawnder, eangder, a diddordeb, yn un o lyfrau mawr yr iaith Gymraeg'.[19] Ag ystyried eangder ei ddysg, craffter ei feddwl a'i grebwyll athrawiaethol, doedd neb i'w gymharu â Thomas Jones yn y wlad. Profodd ei fedr athrawiaethol yn ei ddadl ag Arminiaid disgyblion John Wesley yng Nghymru yn negawd cyntaf y ganrif,[20] a'i bolemig, diamynedd braidd, ag Uchel-Galfiniaid ei gyfundeb ei hun ddegawd yn ddiweddarach.[21] Ei *Ymddyddanion rhwng Dau Gyfaill, Ymofynydd a Henwr, ar Brynedigaeth* (1816) a sicrhaodd yr hyn y daethpwyd i'w alw yn 'Galfiniaeth Gymedrol' fel barn sefydlog y Presbyteriaid Cymreig, a chyda'i farw, yn 64 oed, yn 1820, roedd ail do'r arweinwyr bellach wedi'u galw at eu tadau.

Cyn belled, sôn am Fethodistiaid Calfinaidd y buom ni. Oni wnaeth yr Hen Ymneilltuwyr gyfraniad at y meddwl diwinyddol Cymreig yn ystod y cyfnod hwn, heb grybwyll deiliaid yr Anglicaniaeth an-Fethodistaidd? Oherwydd cyfyngiadau gofod, bydd rhaid hepgor sôn am Annibynwyr fel y Dr George Lewis, Llanuwchllyn, David Peter a John Roberts yr hynaf o Lanbrynmair; hefyd y Bedyddwyr John Jenkins, Hengoed, Titus Lewis a Joseph Harris, 'Gomer', ynghyd ag Arminiaid, Ariaid ac Undodiaid Academi Caerfyrddin a 'Smotyn Du' canol Ceredigion. Bydd rhaid hepgor sôn hefyd am effaith Mudiad Rhydychen ar Gymru, a rhyddfrydiaeth y Dr Rowland Williams, Llanbedr Pont Steffan. Felly am weddill y bennod soniwn am yr ehangu a ddigwyddodd erbyn ail hanner y ganrif, ac ymateb diwinyddion Cymru i heriau deallusol sylweddol diwedd Oes Victoria.

*

Yn 1860 ymddangosodd clasur y Dr Lewis Edwards *Athrawiaeth yr Iawn*. Dyma apologia cwrtais, urddasol a mirain i'r cysyniad o farw aberthol Crist yn nhermau iawn dirprwyol neu gosb gyfreithiol am bechod. Doedd dim byd dadleuol ynddo; mewn gwirionedd, roedd yn cyfleu'r hyn roedd Cristnogion efengylaidd

Cymru wedi credu erioed. Ond y gwir yw bod mwy a mwy o bobl, lawer ohonynt yn ieuenctid a ysgubwyd i mewn i'r capeli yn dilyn Diwygiad 1859, yn dod i gwestiynu cynseiliau'r athrawiaeth yn llwyr. A fyddai'r Tad cariadus yn *hawlio* cosbi'r Mab fel amod cadwedigaeth pechadur? Roedd y cwestiynu yn nodweddu *Zeitgeist* y cyfnod. Yn ôl yr hanesydd Boyd Hilton:

> It is clear that moral revulsion did play an important role in the softening of evangelical Christianity [...] Along with hellfire, liberal theologians of the 1850s and 60s surrendered the idea that a loving God would inflict excruciating suffering on his Son as a vicarious sacrifice for other men's sins. Such an action now seemed both unjust and [...] inefficacious.[22]

Roedd Edwards yn rhyfeddol o sensitif i'r feirniadaeth hon, ac er iddo, yn gwrtais ac yn dyner, ymwrthod â hi, roedd y gyfrol yn brawf bod un cyfnod yn darfod, ac un arall, mwy ymholgar-sgeptigaidd, ar fin cymryd ei le.

Gyda hyn y byddai Calfiniaeth Cymru yn mynd dan gwmwl. Er gwaethaf ymdrech lew Thomas Jones o Ddinbych i greu consensws y Galfiniaeth Gymedrol ymhlith y Methodistiaid, John Roberts yr hynaf o Lanbryn-mair i wneud yr un peth gyda'i 'System Newydd' ymhlith yr Annibynwyr, ac ymgais J. P. Davies, Tredegar, i orseddu Fulleriaeth (ar ôl y diwinydd isel-Galfinaidd Andrew Fuller) ymhlith y Bedyddwyr, ymhen fawr o dro aeth Calfiniaeth o bob math o dan gabl. Ymhlith yr Annibynwyr y cafwyd yr adwaith mwyaf ffyrnig. John Roberts ieuaf o Gonwy, brawd Samuel Roberts 'S. R.', a mab John Roberts o Lanbryn-mair, a arweiniodd y gad. Erbyn y '60au roedd wedi ymwrthod â phob un o fannau'r ffydd Galfinaidd: sofraniaeth Duw mewn achubiaeth, caethiwed yr ewyllys ddynol trwy bechod, a marwolaeth Crist dros yr etholedigion yn unig. Mewn gwirionedd roedd yn prysur golli amynedd gydag uniongrededd o bob math. 'Ceidwaid yr athrawiaeth iach, y bobl *orthodox*', meddai, wrth adolygu cyfrol Thomas Rees, *A History of Protestant Nonconformity in Wales,* sydd wedi achosi'r holl ddrygioni erioed: 'O! mae yn gas gennym sôn am *orthodoxy* heblaw *orthodoxy* y Beibl!'.[23] Erbyn 1868 roedd yn lladd ar ddiffiniad clasurol Cyngor Nicea, fod Crist y Mab 'yn wir Dduw o wir Dduw … o'r un sylwedd â'r Tad': 'O! ymaith bellach oddi ar y ddaear â'r fath fawredd priestcrafftyddol!'[24] meddai, ac ymhen degawd: 'Byddai'n well gennyf fil o weithiau dderbyn cyffes Hindŵaidd India am Grist nag athrawiaethau gwrthun Cyffes Westminster'.[25]

Beth achosodd y fath adwaith? Yn un peth, roedd Calfiniaeth ei hun wedi ffosileiddio. Ynghlwm wrth gysyniad llythrenolaidd o awdurdod ysgrythurol ac apologetig rhesymoliaethol gaeth, ni allai ymateb yn greadigol i gwestiynau dilys y to a oedd yn codi. Mae rhywbeth trymaidd di-sbonc yn llyfr Robert Jones, 'Ap Vychan', *Etholedigaeth* (1864), tra bod naws ei 'Ddarlithoedd ar Dduwinyddiaeth', a draddododd i fyfyrwyr Coleg Annibynnol y Bala yn 1872, yn llethol ddi-wefr.[26] Troes gras yn theori yn hytrach nag yn gyffro ac yn ias, a sofraniaeth Duw yn gaethdra yn hytrach nag yn foddion ymryddhad. Mewn gair, roedd y gyfundrefn wedi ymgaregu a throi'n ystrydebol farw. Er na chafwyd yr un ffyrnigrwydd ymateb ymhlith y Bedyddwyr, i'r un cyfeiriad roedd pethau'n mynd. Doedd gan bregethwyr dylanwadol fel Robert Ellis, 'Cyddelw', ddim amynedd â Chalfiniaeth o gwbl, tra dywedwyd am John Jones, 'Mathetes', awdur dysgedig tair cyfrol *Geiriadur Beiblaidd a Duwinyddol* (1864, 1869, 1883): 'yr oedd yn Armin … Ni chredai yn yr hyn a elwir yn "etholedigaeth ddiamodol, dragwyddol a phersonol"'.[27]

Trwy gydol y '70au a'r '80au roedd bywiogrwydd rhyfeddol i'w weld yn y byd crefyddol Cymreig. Roedd Ymneilltuaeth dorfol, boblogaidd yn mynd o nerth i nerth; roedd Anglicaniaeth Gymreig yn adfywio a'r tir a gollwyd i'r capeli yn cael ei ad-ennill yn gyflym. Beth bynnag am wywdra Calfiniaeth, yn ôl tystiolaeth y wasg gyfnodol a'r cyfrolau dirifedi a oedd yn cael eu cynhyrchu, roedd safon y drafodaeth gyhoeddus yn uchel. Gyda Deddf Addysg 1870 a sefydlu'r colegau cenedlaethol, Aberystwyth yn 1872, Caerdydd yn 1883 a Bangor flwyddyn yn ddiweddarach, doedd dim modd osgoi ymateb i'r newidiadau deallusol cyfoes, ac roedd mater cysoni'r Beibl â'r damcaniaethau gwyddonol diweddaraf yn faterion byw iawn. Beth bynnag am ddifrifwch y drafodaeth, mae'n amlwg nad achosodd hyn fawr drawma i neb. Erbyn yr '80au roedd y cysyniad o ddiwallusrwydd llythrenolaidd yr ysgrythur yn ildio i syniad mwy llac, a chydnabuwyd fod lle i alegori, metaffor a dameg wrth ddirnad natur y datguddiad beiblaidd. 'Nid amcan y Beibl', meddai un sylwebydd, 'yw dysgu gwyddoniaeth, athroniaeth, hanesyddiaeth na gwleidyddiaeth',[28] tra bod twf addysg wedi chwyldroi gwybodaeth pawb. Bydd ieuenctid yr ysgolion, meddid, 'yn gwybod gormod i gredu fod y Beibl fel y mae gennym ni, lyfr ar ôl llyfr, bennod am bennod, adnod am adnod, a gair am air, wedi dyfod [yn uniongyrchol] oddi wrth yr Ysbryd Glân'.[29] Doedd dim rhaid ildio'r argyhoeddiad craidd ynghylch ysbrydoliaeth yr ysgrythur na'i hawdurdod fel Gair Duw, ond gyda'r datguddiad wedi'i gyfryngu trwy ddogfen ddynol, roedd rhaid ei thrin mewn dull a oedd yn gweddu i'w dyndod llawn. Yn hytrach nag arddel yr hen lythrenoldeb, nac ymroi i sgeptigaeth eithafol fel rhai o feirniaid radical y cyfandir, 'onid mwy cyson a diogel', meddai Silas Morris o Goleg y Bedyddwyr, Bangor, 'ydyw safle y Diwygwyr a'r Beirniaid Efengylaidd [...] a wnant gyfiawnder â'r datguddiad dwyfol ar y naill law, ac ar y llall â dull a chyfryngau dynol ei drosglwyddiad'.[30] Nid peth difaol, anghrediniol oedd y wyddor a enillodd ei lle ymhlith trwch yr ysgolheigion Cymreig, ond yr hyn y daethpwyd i'w alw yn 'Feirniadaeth Efengylaidd'.[31]

Fel y gellid dychmygu, y gwyddorau naturiol, daeareg a bioleg, a enynnodd y diddordeb mwyaf. Gydag *Origin of Species* (1859) Darwin, ac yn fwy byth ei *Descent of Man* (1871), yn destun trafod, y syndod yw iddynt achosi cyn lleiad o gynnwrf. O ystyried penodau cyntaf Genesis yn ddamhegol yn hytrach na llythrennol, gellid derbyn hynafiaeth eithriadol y greadigaeth a chychwyniadau biolegol y ddynolryw fel pethau gweddus i wyddonwyr cyfrifol ddamcaniaethu yn eu cylch. 'Dylid cofio', meddai Ioan Pedr, 'nad yw yr Ysgrythurau wedi eu hamcanu i ddysgu gwirioneddau naturiol. Nid yw y Beibl yn proffesu dysgu nac amaethyddiaeth na morwriaeth, llysieuaeth na daeareg. Pynciau yw y rhai hyn a'r cyfryw i ddyn ei chwilio allan drosto ei hunan'.[32]

Ef, John Peter, 'Ioan Pedr' (1833-77), cyd-athro Michael D. Jones yng Ngholeg Annibynnol y Bala, a wnaeth fwy na neb i gymodi syniadau Darwin â'r efengyleiddiaeth draddodiadol. 'Yn ôl pob tystiolaeth', meddai, yn yr ysgrif helaeth 'Darwiniaeth', y tro cyntaf i'r gair hwnnw gael ei arfer yn Gymraeg, 'y mae yn ŵr crefyddol ei ysbryd, a pharchus o'r Beibl, yn ogystal ag o deimladau dynion, ac y mae ei ysgrifeniadau lliosog yn ategu y dystiolaeth'.[33] Nid pawb a ddarbwyllwyd, ond ymhen hir a hwyr, prin y mynnai'r rhai mwyaf ystyriol fynd yn ôl at y bydolwg cyn-feirniadol a chadw'u hygrededd deallusol yr un pryd. Erbyn 1890 roedd yr hen apologetig statig a rhesymoliaethol, Butler a'i *Gyfatebiaeth* a Paley a'i *Evidences*, wedi eu bwrw heibio, a beth bynnag am fanylion theori esblygiad, cymathwyd deinamig datblygiad â'r argyhoeddiadau traddodiadol ynghylch goruwchlywodraeth ragluniaethol Duw dros ei fyd.

O ran gwyddor diwinyddiaeth, yr un meddyliwr a wnaeth fwyaf i ymateb yn fentrus greadigol i her diwedd y ganrif oedd Thomas Charles Edwards (1837-1900). Ef, yn anad neb, a ddeallodd wir anawsterau'i oes, ac yn y gyfrol arloesol *The God-Man* (1895), a'r fersiwn Gymraeg *Y Duw-Ddyn* (1897), cynigiodd raglen waith gynhyrfus-gyfoethog i'r genhedlaeth a oedd yn codi. Yn nhyb ei gyfoeswyr roedd ei farw annhymig yn 63 oed ar drothwyr'r ganrif newydd, yn drasiedi. Fodd bynnag, gyda'r Rhyfel Byd Cyntaf ychydig dros ddegawd i ffwrdd a blaenoriaethau newydd, yn wleidyddol, wyddonol a seciwlaraidd, yn denu bryd y Cymry, llai a llai a fyddai'n gwerthfawrogi maint ei athrylith, a llai hefyd a fyddai'n gweld perthnasedd y ffydd Gristnogol i fywyd y Gymru newydd. Beth fyddai tynged y ffydd yn yr ugeinfed ganrif? Ceisiais ddweud rywbeth am hynny mewn astudiaeth gynharach.[34] Ymgais yw *Theologia Cambrensis* i ddadansoddi'r hyn a ddigwyddodd yn y canrifoedd cynt.

★

Yn un o'i chyfrolau meddai Marilynne Robinson, awdur y nofelau cofiadwy *Gilead* a *Home* ac enillydd Wobr Pulitzer:

> This great project theology, which for so many centuries was the epitome of thought and learning, the brilliant conceptual architecture of western religious passion, entirely worthy of comparison with any art which arose from the same impulse, has been forgotten or remembered only to be looted for charms and relics and curiosities.[35]

Hyderir nad cloddfa ar gyfer creiriau a chywreinbethau'r gorffennol fydd dwy gyfrol *Theologia Cambrensis*, ond cyfrwng i ni werthfawrogi o'r newydd gyfoeth ein hetifeddiaeth, mawrygu craffter syniadaeth yr oesau a fu a gweld eu perthnasedd, gobeithio, ar gyfer heriau amgenach y cyfnod hwn.

Nodiadau

[1] Thomas Charles Edwards, 'Religious thought in Wales' (1888), yn D.D.Williams, *Thomas Charles Edwards* (Liverpool: Cymdeithas yr Eisteddfod Genedlaethol, 1921), tt. 103–112 [106].

[2] Edwards at Thomas Jones, 'Glan Alun', Ionawr 1841, Thomas Charles Edwards (gol.), *Bywyd a Llythyrau Lewis Edwards DD* (Liverpool: Isaac Foulkes, 1901), t. 212.

[3] D. Densil Morgan, *Theologia Cambrensis: Protestant Religion and Theology in Wales, Vol 1: From Reformation to Revival, 1588-1760* (Cardiff: University of Wales Press, 2018).

[4] D. Densil Morgan, *Theologia Cambrensis: Protestant Religion and Theology in*

Wales, Vol 2: The Long Nineteenth Century, 1760-1900 (Cardiff: University of Wales Press, 2021).

5   Am feirniadaeth o'r cysyniad yng nghyd-destun y datblygiad Cymreig, gw. Geraint H. Jenkins, *Literature, Religion and Society in Wales, 1660-1730* (Cardiff: University of Wales Press, 1978), tt. 305–9; Idem, 'The Spirit of Enthusiasm', yn *The Foundations of Modern Wales, 1642-1780* (Oxford: The Clarendon Press, 1987), tt. 342–85.

6   Saunders Lewis, *Williams Pantycelyn* (1927), arg. newydd (Caerdydd: Gwasg Prifysgol Cymru, 2017), t. 75.

7   Derec Llwyd Morgan, *Y Diwygiad Mawr* (Llandysul: Gwasg Gomer, 1981), tt. 221–2.

8   Gw. Derec Llwyd Morgan, 'Pantycelyn a Gwyddoniaeth', yn J. E. Wynne Davies (gol.), *Gwanwyn Duw: Diwygwyr a Diwygiadau: Cyfrol Deyrnged i Gomer Morgan Roberts* (Caernarfon: Gwasg Pantycelyn, 1982), tt. 164–83.

9   Derec Llwyd Morgan, 'Llenyddiaeth y Methodistiaid, 1763-1814', yn Gomer Morgan Roberts (gol.), *Hanes Methodistiaeth Galfinaidd Cymru, Cyfrol 2, Cynnydd y Corff* (Caernarfon: Llyfrfa'r Methodistiaid Calfinaidd, 1978), tt. 456–528 [471].

10 Gomer M. Roberts, *Y Pêr Ganiedydd [Pantycelyn], Cyfrol 1: Arweiniad i'w Waith* (Aberystwyth: Gwasg Aberystwyth, 1949), t. 161.

11 D. E. Jenkins, *The Life of the Rev. Thomas Charles of Bala*, Cyfrol 3 (Denbigh: Llewelyn Jenkins, 1910), t. 413.

12 Lewis Edwards, 'Thomas Charles', *Traethodau Llenyddol* (Wrecsam: Hughes a'i Fab [1867]), tt. 266–80 (278).

13 Edwards, 'Thomas Charles', t. 279.

14 R. Tudur Jones, *Thomas Charles o'r Bala: Gwas y Gair a Chyfaill Cenedl* (Caerdydd: Gwasg Prifysgol Cymru, 1979), tt. 39–40.

15 Gwilym H. Jones, *Geiriadura'r Gair* (Caernarfon: Gwasg Pantycelyn, 1993), t. 27; cf. Dafydd Johnston, '"Nid baich ond baich o bechod": *Geiriadur Ysgrythurol* Thomas Charles', yn D. Densil Morgan (gol.), *Thomas Charles o'r Bala* (Caerdydd: Gwasg Prifysgol Cymru, 2014), tt. 77–92.

16 Jones, *Geiriadura'r Gair*, t. 9.

17 Idwal Jones (gol), *Hunangofiant y Parch. Thomas Jones, Gweinidog yr Efengyl o Dref Ddinbych* (1820) (Aberystwyth: Gwasg Aberystwyth, 1937), tt. 59–60.

18 Owen Thomas, *Cofiant y Parchedig John Jones, Talsarn* (Wrexham: Hughes a'i Fab, 1874), t. 327.

19 Idwal Jones, 'Thomas Jones o Ddinbych, awdur a chyhoeddwr', *Journal of the Welsh Bibliographical Society*, 5 (1939), tt. 137–209 (149).

20 Gw. *Y Drych Athrawiaethol* (1806); *Ymddyddanion Crefyddol* (1807), a *Sylwadau ar Lyfr Mr Owen Davies* (1808).

21 Cafodd hyn ei gofnodi'n fanwl gan Owen Thomas yn *Cofiant John Jones, Talsarn*, tt. 545–50.

22 Boyd Hilton, *The Age of Atonement: The Influence of Evangelicalism on Social and*

[23] *Economic Thought, 1785-1865* (Oxford: Clarendon Press, 1986), tt. 273, 281.

[23] John Roberts, adolygiad o Thomas Rees', *History of Protestant Nonconformity*, *Y Cronicl*, 19 (Awst 1861), tt. 1–4 (4).

[24] Idem., 'Gair am bregeth, gair am lyfr', *Y Cronicl*, 26 (Gorffennaf 1868), tt. 179–82 (182).

[25] Idem., 'Cynadleddau yn gwneud Ymneilltuaeth yn wawd', *Y Cronicl*, 37 (Medi 1879), tt. 261–5 (262).

[26] 'Darlithiau ar Dduwinyddiaeth', yn Michael D. Jones a D. V. Thomas (goln), *Cofiant a Thraethodau Duwinyddol y Parchg R. Thomas, 'Ap Vychan'* (Dolgellau: W. Hughes [1881]), tt. 3–194.

[27] David Powell, 'Mathetes', *Seren Gomer*, Cyfres Newydd 3 (Hydref 1882), tt. 286–97 (296).

[28] Idem., 'Ysbrydoliaeth y Beibl', *Seren Gomer*, Cyfres Newydd 14 (Mai 1893), tt. 103–11 (103).

[29] Ibid., t. 104.

[30] Silas Morris, 'Sefyllfa bresennol beiniadaeth feiblaidd', *Y Traethodydd*, Cyfres Newydd 49 (1893), tt. 105–13 (106).

[31] Gw. D. Densil Morgan, 'Llewelyn Ioan Evans (1833-92) and the Princeton Theology: a study in nineteenth-century biblical criticism', yn *Wales and the Word: Historical Perspectives on Welsh Identity and Religion* (Cardiff: University of Wales Press, 2008), tt. 55–87.

[32] John Peter, 'Darwiniaeth', *Y Traethodydd*, Cyfres Newydd 26 (1872), tt. 212–30 (214).

[33] Ibid., t. 216.

[34] D. Densil Morgan, *The Span of the Cross: Christian Religion and Society in Wales, 1914-2000*, ail arg. (Cardiff: University of Wales Press, 2011).

[35] Marilynne Robinson, *The Death of Adam: Essays on Modern Thought* (New York: Picador, 2010), t. 182.

'Cario Baich Cyfrifoldeb Rhyddid': J. R. Jones, Awdurdodaeth a Seicoleg yr Unigolyn yng Nghymru, 1930-1970[1]

Llion Wigley

CYNHALIWYD CYNHADLEDD GYNTAF ADRAN Athronyddol Urdd Graddedigion Prifysgol Cymru yn Aberystwyth ym 1931 ac un o'r heriau cyntaf a osododd un o'i sylfaenwyr, R. I. Aaron, iddi ei chyflawni, oedd 'ymorol am dermau addas ar gyfer gwahanol ganghennau Athroniaeth'.[2] Dros y flwyddyn nesaf, yn ôl adroddiad D. James Jones ar y cyfnod cynnar, yn rhifyn cyntaf *Efrydiau Athronyddol*, aeth aelodau'r Adran ati i lunio rhestr faith o dermau seicoleg. Yn ail gynhadledd yr Adran, a gynhaliwyd yn Harlech ym 1932, traddododd yr Athro Idwal Jones bapur ar 'Yr Hunan o Safbwynt Seicoleg', y cyntaf o sawl ymdriniaeth ddiddorol ar ei ran â maes seicoleg a seicdreiddiad, gan gynnwys yr ysgrif fwyaf treiddgar a chyflawn ar syniadau Freud, a gyhoeddwyd yn y Gymraeg yn rhifyn 1944 o *Efrydiau Athronyddol*.[3] Mae'n werth nodi mai Idwal Jones oedd gŵr Kitty Lewis, un o ffrindiau agosaf Morfydd Llwyn Owen, a oedd yn briod â chenhadwr mwyaf Freud yn nwy flynedd olaf ei bywyd dramatig, byrhoedlog, sef y Cymro, ac aelod cynnar o Blaid

Cymru, Ernest Jones. Adlewyrchai'r sylw a dalodd yr Adran Athronyddol i seicoleg yn ei chynadleddau cyntaf ddiddordeb mwy cyffredinol mewn seicdreiddiad yn arbennig, sy'n nodweddu'r diwylliant deallusol Cymraeg yn y cyfnod rhwng y rhyfeloedd byd. Ymateb i'r newidiadau gwleidyddol a brofwyd yn y 1920au a'r 1930au oedd y diddordeb hwn i raddau, ac ymgais i ddeall yn well dwf a datblygiad brawychus awdurdodaeth a ffasgaeth yn Ewrop.

 Pwrpas yr ysgrif hon yw cynnig sylwadau pellach ac ymestyniad o'r bennod yn fy nghyfrol, *Yr Anymwybod Cymreig* (2019), ynglŷn ag ymwneud un arall o aelodau mwyaf disglair yr Adran, sef J. R. Jones, â seicoleg, yn arbennig yng nghyswllt tueddiadau gwleidyddol byd-eang diweddar. Gyda hyn, canolbwyntir ar ei syniadau am effeithiau ac apêl seicolegol awdurdodaeth. Byddaf yn edrych yn bennaf ar weithiau anghyhoeddedig Jones sydd ymhlith ei bapurau yn Llyfrgell Genedlaethol Cymru, fel y nodiadau o'i wersi i oedolion a'i araith ar Freud a Marx, gweithiau sy'n cwmpasu'r cyfnod o'r 1930au i'w farwolaeth gynamserol ym 1970. Edrychaf hefyd ar ymdriniaeth deallusion ac awduron Cymraeg blaenllaw eraill yr un cyfnod ag awdurdodaeth, megis Tecwyn Lloyd a Cyril Cule, ynghyd â syniadau rhai o'r meddylwyr cyfandirol pwysicaf a fu'n ymdrin â'r thema hon, fel Wilhelm Reich, ac Erich Fromm a'i gymheiriaid yn Ysgol Frankfurt. Ceir amryw o adleisiau arwyddocaol rhwng y syniadau roedd aelodau Ysgol Frankfurt ac eraill yn eu datblygu yn y 1930au a'r 1940au, a syniadau awduron Cymraeg yn yr un cyfnod – tebygrwydd sy'n adlewyrchu bywiogrwydd, soffistigeiddrwydd, a natur herfeiddiol y diwylliant deallusol roedd y Cymry hynny'n rhan ohono.

 Yn ystod ei gyfnod fel darlithydd ifanc mewn athroniaeth yng ngholeg Prifysgol Cymru Aberystwyth yn y 1940au, bu J. R. Jones yn dysgu dosbarthiadau nos mewn seicoleg i Adran Efrydiau Allanol y coleg yng Nghapel y Garn, Bow Street ac ym Machynlleth. Ceir cofnod cyflawn o'i nodiadau a'i baratoadau ar gyfer y gwersi

'Cario Baich Cyfrifoldeb Rhyddid'

hyn ymhlith ei bapurau yn y Llyfrgell Genedlaethol. Rhannwyd y cwrs manwl a thrylwyr yma rhwng gwersi yn y tymor cyntaf ar yr 'hen seicolegau' a arloeswyd gan Wilhelm Wundt, William James ac eraill yn y bedwaredd ganrif a'r bymtheg, a'r 'seicoleg newydd', a ddatblygodd yn negawdau cynnar yr ugeinfed ganrif o dan arweiniad ysgol seicdreiddiol Sigmund Freud ac ysgol ymddygiadol John Watson yn bennaf. Nid Freud a'i ddilynwyr yn unig a ddaeth o dan sylw Jones yn ei wersi: ymhlith rhestr y tymor, ceid dosbarthiadau ar ysgol Llundain, seicoleg ffurf neu gyfanwaith, sef 'Gestalt', a'r Ymddygiadwyr. Gofynnodd ddau gwestiwn allweddol yng nghyswllt gwaith yr Ymddygiadwyr, sef 'ai gwyddor profiad mewnol yntau gwyddor ymddygiad allanol yw seicoleg', ac 'a ellir gwyddor profiad mewnol anweladwy'?[4]

Yn ei wersi ar Freud a'r ddau aelod cynnar o'i gylch seicdreiddiol a aeth ymlaen i ddatblygu eu hysgolion pwysig eu hunain o seicoleg, sef Alfred Adler a Carl Jung, amlygir diddordeb pwysig Jones yn natur awdurdodaeth a'r cymhellion seicolegol a arweiniodd unigolion i'w dderbyn. Wrth drin ag un o gysyniadau mwyaf creiddiol a dadleuol Freud, sef y cymhleth Oedipus, er enghraifft, dengys sut y trawsffurfir awdurdod cynnar y tad trwy fecanwaith y *superego* wrth i'r plentyn ei ymryddhau ei hunan o'r teulu. 'Cymerir yr Oedipus Complex i mewn megis i'r superego', meddai, 'a phery gafael hwnnw arnom drwy fod rhyw ffurfiau newydd ar awdurdod yn dod i gymryd lle'r tad. Parheir awdurdodaeth y tad yn awdurdodaeth 1) y Wladwriaeth 2) y foesoldeb draddodiadol gymdeithasol a 3) yn awdurdodaeth Duw.'[5] Ymhellach, golygai cryfder a gafael y cymhleth hwn bod diwygiadau cymdeithasol yn anos i'w cymell oherwydd bod unigolion, 'hyd yn oed y rhai sydd yn dioddef o ormes a cham, yn bengaled o geidwadol ac [yn] amharod i adael rhyw ffordd draddodiadol o fyw.' Tueddai crefydd gyfundrefnol i atgyfnerthu'r cymhleth yn nhyb Freud. 'Llunio Duw a wnawn o'r tad a orseddir yn ein superego' o ganlyniad, meddai, 'a nodyn amlycaf crefydd gan hynny yw'r nodyn awdurdodaethol, gorfodol, afresymol.'[6]

Yn hytrach na'r pwyslais ar y cymhleth Oedipus a'r *superego* fel a geir yn namcaniaeth seicdreiddiol Freud, dadleuai Alfred Adler mai'r cymhleth israddoldeb sy'n gyfrifol am barodrwydd cyffredin unigolion i dderbyn awdurdod a gwrthod cymryd cyfrifoldeb llawn dros eu bywydau. Daeth gwaith Adler a'r ddamcaniaeth o seicoleg unigol a ddatblygodd i sylw'r wasg Gymraeg yn gynnar iawn yn nechrau'r 1930au ymlaen, fel yn achos erthygl y Parchedig T. Ellis Jones o Lwynhendy ar 'Anfarwoldeb yng Ngoleuni Seicoleg Ddiweddar', a gyhoeddwyd yn y cyfnodolyn enwadol, *Seren Gomer.*

'Cred Adler fod y "reddf am allu" yn llawer trech ei dylanwad na greddf rhyw,' meddai Jones yn yr erthygl, 'ac mai hon a gyfrif am *neurosis*, a hi hefyd sydd wrth wraidd crefydd.'[7] Aeth amryw awduron cenedlaetholgar Cymraeg pwysig fel D. Tecwyn Lloyd ac Islwyn Ffowc Elis ymlaen ar ôl J. R. Jones i gymhathu cysyniad creiddiol Adler o'r cymhleth israddoldeb â'r seice Cymreig a sefyllfa hanesyddol a gwleidyddol benodol Cymru wedi'r Ail Ryfel Byd yn arbennig.[8] Yn ei ddosbarth nos ar ddysgeidiaeth Adler, eglurodd J. R. Jones yn fanwl fecanwaith y cymhleth hwn:

> Ni allwn oddef teimlo yn wannach neu'n salach neu'n fwy aneffeithiol na phobl eraill. Canys y mae ym mhob un ohonom awydd i ragori ac i gyfrif yn y byd. Mae pawb eisio bod yn rhywun. Yr ydym oll am deimlo ein bod ni o ryw werth yn y byd – peth annioddefol i ddyn yw teimlo nad yw o un gwerth, nad yw'n cyfrif – nad yw'n neb! Felly'r allwedd i ddeall dyn yn ôl Adler yw a) Ei fod am deimlo'n uwchraddol b) Ei fod, fel mater o ffaith, yn teimlo'n israddol. A syniad sylfaenol arall yn seicoleg Adler yw'r syniad fod dyn oherwydd ei awydd i ragori ac i gyfrif yn ceisio gwneuthur iawn am ei ymdeimlad o israddoldeb[9]

Aeth ymlaen i ddangos yn yr un wers sut y gwreiddir yr ymdeimlad

'Cario Baich Cyfrifoldeb Rhyddid'

hwn ag israddoldeb ym mhlentyndod yr unigolyn gan amlaf, yn ôl Adler. 'Tuedda'r plentyn a fagwyd o dan awdurdodaeth lem a chaeth i fod yn wrthryfelwr ar hyd ei oes,' meddai, 'oni lwydda'r rhieni a'u gormes i ladd yr ysbryd ynddo yn llwyr, ac ni ddaw dim ohono wedyn ond bod fel rhyw robot diymadferth na all ond cymryd ordors dynion eraill ar hyd ei oes a'u cario allan yn ddi-gwestiwn.'[10]

Y 1930au a'r 1940au hefyd oedd cyfnod twf seicoleg y plentyn fel maes ynddo'i hunan, wrth i syniadau Anna Freud, Melanie Klein ac eraill, gael eu poblogeiddio'n eang. Fel yn achos amryw o'r awduron ac addysgwyr Cymraeg eraill y dylanwadodd y wyddor newydd hon yn drwm ar eu gwaith, gan gynnwys Gwenan Jones, cryfhau argyhoeddiad J. R. Jones dros bwysigrwydd datblygu annibyniaeth barn o oedran ifanc a wnaeth darlun Adler o'r cymhleth israddoldeb. Casglodd, o ganlyniad, mai'r wers bwysicaf wrth gloriannu ei syniadau 'yw po leiaf o asgwrn cefn ac annibyniaeth a fegir yn y genhedlaeth sy'n codi debycaf yn y byd a fyddwn o weld cyfnod o awdurdodaeth wleidyddol – dictatoriaeth dotalitaraidd yn ein gwlad ninnau.'[11]

Rhannai Jones yr un ymdeimlad ag arloeswyr yr addysg newydd (*progressive education*) yn y cyfnod rhwng y rhyfelodd byd – fel A. S. Neill, sylfaenydd ysgol ddrwg-enwog Summerhill a symudodd i Lan Ffestiniog am bum mlynedd yn ystod yr Ail Ryfel Byd, a Dora Russell, ail wraig Bertrand Russell a sylfaenydd ei hysgol rydd ei hunan yn Beacon Hill – bod pwyslais addysg ffurfiol ar gystadleuaeth a disgyblaeth yn ddinistriol yn seicolegol.[12] Dadleuodd yn ei wers ar Adler, felly, fod

> pechodau'r gyfundrefn addysg yn fwy gresynus na'r dim a enwais eto oblegid eu bod yn creu rhwystrau y gellid bod wedi eu hosgoi pe cawsai addysg ei threfnu yn iawn a'i seilio ar ddealltwriaeth seicolegol sownd. Dyma rai o gamgymeriadau'r gyfundrefn sydd gennym: 1) Fod yn rhaid i'r plentyn dan boen gorfodaeth ei gyfaddasu ei hun i'r sustem 2) Fod profi deallusrwydd/*intelligence*

tests yn profi gwir allu plentyn; 3) y dylid gredio cyflawniadau'r plentyn a bod marciau gan hynny yn ddangoseg o wir lwyddiant; 4) mai pwrpas ysgol a choleg yw ennill gradd neu dystysgrif neu ddiploma; 5) nad ydyw'n beth da bob amser i fechgyn a merched gael eu dysgu gyda'i gilydd'[13]

Yn ystod cyfnod Ysgol Summerhill yng ngogledd Cymru, bu'r prifathro a'r sylfaenydd o'r Alban, A. S. Neill, yn llythyru â'i ffrind, Wilhelm Reich (1897-1957), efallai'r mwyaf chwyldroadol a lliwgar o holl ddilynwyr Freud, a oedd wedi ymfudo i Unol Daleithiau'r America o Ferlin yng nghysgod bygythiad y Natsïaid yn y 1930au.[14] Gweithiau Reich, fel ei gyfrol bwysicaf, *The Mass Psychology of Fascism*, a gyhoeddwyd yr un flwyddyn ag y daeth Hitler i rym yn yr Almaen, ym 1933, a berswadiodd Neill yn bennaf oll o bwysigrwydd cynnig rhyddid i'r plentyn a'i adael i reoli ei hunan gymaint â phosib *(self-regulation)*.[15]

Fel ei gymheiriaid yn Ysgol Frankfurt yn y 1930au, gan gynnwys y seicdreiddiwr, Erich Fromm, ceisiodd Reich gyfuno elfennau o ddysgeidiaeth Freud a Karl Marx i egluro apêl gynyddol ffasgaeth yn *The Mass Psychology of Fascism*, ac i egluro datblygiad yr hyn yr aeth Adorno ac eraill ymlaen i alw'n 'bersonoliaeth awdurdodol' ('*authoritarian personality*').[16] Yn *The Authoritarian Personality*, arolwg enfawr Adorno a thri o'i gydweithwyr yn Ysgol Frankfurt o agweddau gweithwyr yn yr Unol Daleithiau at awdurdod yn y 1940au, dadleuir bod cyfalafiaeth fodern yn yr ugeinfed ganrif wedi dyfnhau a chryfhau tueddiadau tuag at dderbyn awdurdod, ac awdurdodaeth, sy'n rhan annatod o gymeriad rhai unigolion o'r cychwyn. Gwnaeth Erich Fromm ac eraill arolygon tebyg am agweddau gweithwyr yn yr Almaen yn y 1930au, gan gyrraedd casgliadau cyffelyb.[17] Yn sgil yr holl ymchwil hwn, disgrifiodd Max Horkheimer, cyfarwyddwr yr Ysgol ac un o'r ffigyrau deallusol pwysicaf yn ei datblygiad, nodweddion y cymeriad awdurdodol fel a ganlyn:

'Cario Baich Cyfrifoldeb Rhyddid'

a mechanical surrender to conventional values; blind submission to authority together with blind hatred of all opponents and outsiders; anti-introspectiveness; rigid stereotyped thinking; a penchant for superstition; vilification, half-moralistic and half-cynical, of human nature; projectivity'.[18]

Un o'r tasgau pwysicaf a chynharaf a gyflawnwyd gan Ysgol Frankfurt oedd dadansoddi a datgelu'r agweddau o fewn cyfalafiaeth ddatblygedig a'r wladwriaeth fodern sy'n gyfrifol am annog a meithrin y tueddiadau hyn. Trwy gyfuno ac integreiddio elfennau o seicdreiddiad gyda'r dadansoddiad Marcsaidd materolaidd, dilechdidol o gymdeithas fel rhan allweddol o'u theori feirniadol arloesol, llwyddodd deallusion yr Ysgol i greu seicoleg gymdeithasol newydd a eglurai apêl gynyddol awdurdodaeth o'r 1930au ymlaen.[19]

Ym marn gysylltiedig Wilhelm Reich, sylfaen apêl gwleidyddion â syniadau ffasgaidd ac awdurdodol yw'r teulu patriarchaidd, traddodiadol, ac fe ddilynai o hynny bod y pwyslais yn ei waith yn gryf ar ymryddhau plant a menywod yn arbennig o'r strwythur gormesol hwn.[20] Ymhellach, ymgorfforwyd strwythur patriarchaidd y teulu o fewn cyfalafiaeth a strwythurau'r gweithle, yn ôl Reich, a dim ond trwy greu democratiaeth yn y gweithle ac o fewn y teulu ill dau y gellir gwella cyflwr seicolegol y mwyafrif o unigolion yn ei dyb ef; fel y dadleuir yng nghyswllt ei ddarlun o gyfalafiaeth yn un o'r bywgraffiadau mwyaf craff ohono:

> The political structures of this system, are patriarchal and uphold property rights (which divide people from each other), and include the patriarchal family, authoritarian work relationships, and religion. He called the family, 'the factory of submissive beings'.[21]

Yn sgil hyn, daeth syniadau Reich i amlygrwydd eto wedi ei farwolaeth gynamserol yng ngweithiau rhai o arweinwyr ail don ffeminyddiaeth yn y 1960au a'r 1970au, fel Juliet Mitchell.[22]

Dangosodd J. R. Jones ei ymwybyddiaeth o statws israddol menywod yn yr un cyfnod â Reich yn ei wers ar Adler trwy gyfeirio at 'anghydraddoldeb rhywiol' fel rheswm posib arall i egluro'r cymhleth israddoldeb. 'Effeithiai hyn yn bennaf ar y ferch mewn cymdeithas batriarchaidd', meddai, cyn nodi mai 'i'r gwryw y rhoddir y lle blaenaf [...] Ef sydd i reoli.'[23]

Ym mhapurau J. R. Jones, ceir ysgrif anghyhoeddedig arall gyda'r teitl awgrymog, 'Sgwrs ar Freud a Marx', ac ynddi ddadleuon tebyg iawn i'r rhai a geir rhwng Reich ac Erich Fromm yn ei gyfrol ddylanwadol yntau, *The Fear of Freedom*, a gyhoeddwyd ym 1941. Daeth y llyfr hwn dan sylw amryw sylwebwyr mewn cyfnodolion Cymraeg yn yr 1940au, fel *Y Traethodydd*, a chylchgrawn Mudiad Addysg y Gweithwyr, *Lleufer*.[24] Ceir ymdriniaeth estynedig arbennig â syniadau Fromm yn y Gymraeg yng nghyfrol y gweinidog a'r heddychwr blaenllaw, D. R. Thomas, arno yng nghyfres *Y Meddwl Modern*.[25] Roedd Thomas eisoes wedi cyffwrdd â syniadau'r addysg newydd, wrth-awdurdodol, yn ei gyfrol flaenorol ar *Athronwyr ac Addysg* ym 1969, lle trafodir syniadau Dora a Bertrand Rusell yn y cyswllt hwn.[26] Yn ei gyfrol ar Fromm, ceir pennod yn ymdrin â thema rhyddid yng ngwaith yr athronydd, sy'n cynnig amlinelliad byr o'r prif ddadleuon a wneir yn *The Fear of Freedom*. 'Yr hyn a wêl Fromm', meddai, 'o dan yr holl gleber am ryddid, yw ymgais i ffoi rhag rhyddid'.[27] Fel Marcsydd argyhoeddedig, dadleuai Fromm bod yr ymgais hon i ddianc rhag rhyddid yn tarddu yn ymdeimlad y dyn neu'r ddynes fodern ag ymddieithriad, cynnyrch tueddiad cyfalafiaeth i droi pob perthynas ddynol yn un o gyfnewid ac ecsploetiaeth:

> But perhaps the most important and the most devastating instance of this spirit of instrumentality and alienation is the individual's relationship to his own self. Man does not only sell commodities, he sells himself and feels himself to be a commodity. The manual labourer sells his physical energy; the business man, the physician,

'Cario Baich Cyfrifoldeb Rhyddid'

the clerical employee, sell their "personality". They have to be a 'personality' if they are to sell his products or services.[28]

Ceir adlais yng nghyfeiriad Fromm at offerynoldeb o'r cysyniad creiddiol a ddatblygwyd yng ngwaith Ysgol Frankfurt yn gyffredinol, sef rhesymoldeb offerynol (*instrumental rationality*), neu'r modd yr oedd meistrolaeth ymddangosiadol dynoliaeth dros natur ers cyfnod yr Ymoleuad wedi arwain at gyfeiriad peryglus totalitariaeth trwy flaenoriaethu'n gyfalafol ac yn dechnolegol cyn yn bersonol ac yn ecolegol.[29] Ers i Fromm ysgrifennu'r geiriau uchod yn yr 1940au cynnar, mae'r tueddiad cymdeithasol i orfodi'r unigolyn i werthu ei bersonoliaeth ei hun wedi cynyddu a gwaethygu'n ddirfawr trwy ddylanwad cynyddol y cyfryngau cymdeithasol a phoblogrwydd eang profion personoliaeth ymysg cyflogwyr i fesur rhinweddau neu ffaeleddau tybiedig eu staff, ymhlith amrywiaeth o ffactorau eraill.

Cyfeirir at afael seicolegol ofn dros unigolion yn sgwrs J. R. Jones ar Freud a Marx, ynghyd â'r angen i oresgyn yr ofn hwnnw er mwyn canfod rhyddid. 'Dyn a orchfygodd ei ofn a all ddod yn gyd-greawdwr â Duw. Canys ystyr gorchfygu ofn ydyw adfer i ddyn yr ymdeimlad o'i werth gwrthrychol ei hun. Rhaid iddo fedru ymddiried yn ei hanfod ei hun.'[30] Ymbellhaodd Fromm oddi wrth Ysgol Frankfurt o'r 1940au ymlaen, a bu'n rhan o ddadl gyhoeddus chwerw yn y 1950au wedi i aelod blaenllaw, sef Herbert Marcuse – un o ffigyrau deallusol cyhoeddus pwysicaf y cyfnod wedi'r Ail Ryfel Byd, yn arbennig ymysg y genhedlaeth ifanc yn y byd gorllewinol – feirniadu ei syniadau yn ei gyfrol ddylanwadol, *Eros and Civilisation*.[31] Dadleuai Marcuse fod Fromm wedi symud yn rhy bell oddi wrth syniadau gwreiddiol Freud ynglŷn â phwysigrwydd creiddiol y greddfau, a bu Fromm yn feirniadol tu hwnt o'r ymdriniaeth iwtopaidd â syniadau Freud yn *Eros and Civilisation*.

Trafododd J. R. Jones y berthynas rhwng awdurdodaeth a

rhyddid ymhellach mewn pregeth a draddodwyd ym Machynlleth ym 1942, yr un flwyddyn ag y cyhoeddwyd cyfrol Fromm ym Mhrydain. Dadleua Jones, fel Fromm, fod 'cyfrifoldeb rhyddid yn esgor ar bryder sydd o'r diwedd yn mynd yn annioddefol.'[32] Cofleidiwyd awdurdodaeth ac unbennaeth yn y cyfnod hwnnw mewn sawl gwlad ledled Ewrop, credai, gan fod llywodraethau o'r fath yn dileu'r angen, i raddau helaeth, i unigolion feddwl drostynt eu hunain. Rhybuddiodd drachefn fod peryg i awdurdodaeth fagu gwreiddiau ym Mhrydain yn ogystal â gweddill Ewrop, ac y byddai canlyniadau hynny'n drychinebus oherwydd 'cyll y sawl sydd dan awdurdod dynion addurn pennaf personoliaeth, sef annibyniaeth ysbryd'.[33] Ceir pwyslais cyson ar yr angen llywodraethol hwn i amddiffyn annibyniaeth ysbryd trwy gydol gwaith J. R. Jones, yn bennaf gan ei fod yn cydsynio'n agos â hanfodion y neges Gristnogol, yn ei dyb ef. Dadleuodd yn y bregeth hon mai'r ddyletswydd i gario baich rhyddid oedd yr her fwyaf a wynebai ei genhedlaeth. 'Problem aeddfedrwydd mewnol ydyw', meddai, yn anad dim, 'problem codi cenhedlaeth a'i phraw ei hun aeddfed i gyfrifoldeb rhyddid'.[34]

Ceir yr un pwyslais ar beryglon ufuddhau'n rhy gyflym a pharod i awdurdod yn ei ysgrif ar 'Gristnogaeth a Democratiaeth' yn *Y Traethodydd* y flwyddyn ganlynol. Unwaith eto, fe ddadleua'n gryf fod awdurdodaeth yn groes i egwyddorion hanfodol Cristnogaeth: 'O ddal awdurdodaeth yr adwaith diweddar yng ngolau'r dadansoddiad hwn, gwelwn, yn un peth, yr hyn yr amcana'r chwedl ei gyfleu am bob awdurdodaeth, sef ei anghysondeb llwyr â'r ysbryd gwreiddiol Cristnogol'.[35] Mewn geiriau sydd ag adlais anghyfforddus i'r sefyllfa wleidyddol gyfoes ledled y byd, o Rwsia i'r Philipinau, ac o Hwngari i'r Unol Daleithiau, dengys mai: 'phenomen fwyaf brawychus ein cyfnod yw llwyddiant anhygoel totalitariaeth neu awdurdodaeth wleidyddol, y chwyldro gwrth-ddemocrataidd sydd bellach wedi ymledu dros y rhan fwyaf o gyfandir Ewrop.'[36] Diffyg ffydd yn y ddynoliaeth ac ymddiriedaeth yn ei alluoedd sy'n rhannol gyfrifol am boblogrwydd cyfundrefnau awdurdodol, yn ôl dadl Jones. Cyfeiria eto at beryglon y gorbwyslais ar y teulu traddodiadol, patriarchaidd, wrth sôn am barodrwydd cyfoes y wladwriaeth Vichy yn Ffrainc i gofleidio'r sefydliad hwnnw:

> Un o bytraf ffrwythau'r 'ffasgiaeth Gristnogol' hon oedd brys anweddus Ffrainc orchfygedig i daflu ymaith egwyddorion rhyddid, cydraddoldeb a brawdoliaeth, a gosod yn eu lle bwyslais ar awdurdod y Wladwriaeth ac ar y teulu, gan awgrymu y dylai agwedd y Wladwriaeth tuag at ei deiliaid fod yn debyg i agwedd y penteulu at ei blant, hynny yw, agwedd awdurdodol, nawddogol, warcheidiol, seiliedig ar gredu mai plant ydyw dynion ac na allant fyth fod yn ddim amgen, am na ellir ymddiried iddynt y rhyddid sy'n amod cynnydd.[37]

'Trafesti' ar y gwerthoedd Cristnogol gwirioneddol oedd y tueddiad uchod, yn ôl Jones, a thanlinella'r gwahaniaeth sylfaenol ac angenrheidiol rhwng perthyn i gymdeithas rydd, gydradd, a pherthyn i wladwriaeth.

Cofrestrwyd Jones fel gwrthwynebwr cydwybodol yn ystod cyfnod ei ddosbarthiadau nos seicoleg, ac mae'r rhesymau dros ei safiad yn adlewyrchu ei ddaliadau gwrth-awdurdodol yn fwy na'i ymlyniad wrth egwyddorion heddychiaeth fel y cyfryw. Fel yn ei ysgrifau ar seicoleg, tanlinellu pwysigrwydd rhyddid yr unigolyn a rhyddid ei gydwybod a wnaeth wrth egluro'i benderfyniad yn un pamffled o'r gyfres bwysig, *Pamffledi Heddychwyr Cymru*, a gyhoeddwyd yn ystod yr Ail Ryfel Byd. I Jones, roedd moesoldeb uwch na'r un a fynnai ufudd-dod i alwadau'r wladwriaeth a'r frenhiniaeth, moesoldeb sy'n caniatáu i'r unigolyn ddilyn ei gydwybod personol wrth ymdrin â materion tyngedfennol fel rhyfel a heddwch. Yn y pamffled, *Tystiolaeth y Plant* – sy'n cynnwys cyfraniadau gan ffigyrau blaenllaw ifanc eraill fel Pennar Davies, Rosalind Bevan a D. Tecwyn Lloyd, yn rhestru eu rhesymau amrywiol dros wrthod cofrestru â'r fyddin – dywed Jones, o ganlyniad: 'At yr unigolyn y daw'r her i ymwrthod â rhyfel mewn gwladwriaethau a fod wedi cyhoeddi rhyfel. Ac fe'i teifl yn ôl ar ei gydwybod ei hun a'i wasgu i gyfyngder dewis. Yr unig beth a ellir ei ddweud amdani o safbwynt ei chymell at eraill yw: 'Y sawl a allo ei derbyn, derbynied.' A phwynt o'r pwys mwyaf yn y cyswllt hwn ym Mhrydain yw fod Deddf Gwrthwynebiad Cydwybodol yn gwneuthur y dewis hwn yn bosibl ac felly'n taflu'r her i'r neb a glywodd alwad y foesoldeb uwch i ymateb iddi'.[38]

Dychwelodd J. R. Jones at yr un thema bedair blynedd wedi i'r Ail Ryfel Byd orffen yn Sasiwn y Gogledd, Rhuthun, mewn pregeth ar 'Berthynas y Cristion a'r Wladwriaeth Heddiw'. Mynegodd ei wrthwynebiad tanbaid i filitariaeth ac ymdrechion parhaol y llywodraeth i orfodi dynion ifanc gofrestru i'r fyddin yn y bregeth hon, a chyfeiriodd at 'yr elfen anarchaidd yn rhywle yng ngwreiddiau Cristnogaeth' a olygai bod hawl gan yr unigolyn i wrthwynebu awdurdod y wladwriaeth, yn enwedig pan fo'r awdurdod hwnnw yn anghyfiawn ac yn or-fawreddog.[39] Rhybuddiodd yn erbyn tueddiad gwahanol ganghennau'r wladwriaeth fodern yn gyffredinol, yn ogystal â'r fyddin, i ganoli grym ac awdurdod yn eu dwylo: 'Rhaid goruwchreoli ac ymyrryd fwyfwy â bywyd er mwyn cyfartalu cysuron a chyfleusterau mewn gwlad', meddai. 'Ond y mae yna bob amser berygl i swyddogion a phersonau mewn awdurdod fynd i reoli gormod ac ymyrryd mwy nag sydd raid i sicrhau'r iawnder yr amcenir ato. Pechod parod llywiawdwyr a gweinyddwyr ymhob oes yw caru awdurdod a charu trefniadau er eu mwyn eu hunain. Y mae gan y Cristion hawl a dyletswydd i wrthwynebu'r ysbryd hwn'.[40] Mae'n cloi'r bregeth drwy apelio at ei gynulleidfa i wrthwynebu cynlluniau militaraidd a pharatoadau rhyfel llywodraeth a geisiai'n ffôl, yn ei dyb ef, i '[g]adw ein blaenoriaeth ymherodraethol a milwrol mewn byd lle mae'r flaenoriaeth honno eisoes wedi pasio i ddwylo pwerau eraill'.[41] Yr un meddylfryd imperialaidd, rhyfelgar, sy'n parhau i lywio polisi tramor llywodraeth Prydain hyd heddiw, ysywaeth.

Ffigwr arall pwysig yn y cyfnod hwn a fu'n athronyddu yn y Gymraeg yn ogystal â chyflwyno syniadau seicolegwyr cyfandirol, fel Erich Fromm, yn ei famiaith oedd yr Athro David Phillips, Prifathro Coleg y Bala a golygydd *Y Traethodydd* yn y 1930au a'r 1940au. Tyfodd diddordeb Phillips mewn seicoleg yn ystod ei gyfnod yn y Bala ac fe adlewyrchir hynny yn y ffaith iddo neilltuo gofod cynyddol i adolygu'r cyfrolau seicolegol diweddaraf ar dudalennau'r *Traethodydd*. Roedd cyfrol Fromm, *The Fear of Freedom*, ymhlith y pwysicaf o'r cyfrolau a adolygwyd, yn ogystal â gweithiau pwysig gan arbenigwyr Cymreig yn y maes a ysgrifennodd yn Saesneg fel Thomas Hywel Hughes. Defnyddiodd Phillips yr adolygiadau hyn yn fynych i gynnig ei syniadau a'i ddadansoddiad gwreiddiol ei hunan o arwyddocâd seicdreiddiad a seicotherapi, fel yn ei asesiad o gyfrol Hughes, *The New Psychology and Religious Experience*, ym 1934. Casglodd Phillips, o ddarllen cyfrol Hughes, bod technegau ac arbrofion y seicdreiddwyr a'r ymddygiadwyr fel ei gilydd wedi dangos pa mor denau ac annelwig yw'r ffin rhwng y normal honedig a'r annormal. 'Dysgant nad oes wahaniaeth mawr yn y gwaelod rhwng y gorau a'r gwaethaf,' meddai, 'y synhwyrol a'r disynnwyr. Rhan fechan o'r doethaf ohonom yw'r rhan synhwyrol, medd hwy. Dysgant hen athrawiaeth y pechod gwreiddiol mewn ffurf newydd, a sylfaenir hi ar sylwadaeth ac arbrofion seicolegol.'[42] Roedd agwedd lai condemniol ac awdurdodol tuag at droseddwyr, plant ac unigolion mewn argyfwng seicolegol yn dilyn, yn anorfod, o'r ddysgeidiaeth newydd hon.

Cynigir disgrifiad craff o brif egwyddorion a rhinweddau seicotherapi gan aelod arall o Adran Athronyddol Urdd Graddedigion Prifysgol Cymru, sef D. James Jones, yn ei adolygiad o gyfrol o'r enw *Psychology and God*, ym 1932 sy'n adlewyrchu'r newid agwedd hwn. Dadleua Jones, fel Phillips, fod seicotherapi fodern wedi cynyddu empathi a dealltwriaeth tuag at y sawl a ddioddefai o anhwylderau meddyliol, wrth atgyfnerthu'r neges Gristnogol sylfaenol, yn eu tyb hwy, yn y broses.

> Ceir tri method cyffredinol mewn seicotherapi heddiw: a) Awgrymiad, efallai hefyd hunyddiaeth (hypnotism); b) Yr apêl at reswm y claf; ac C) Seicanalisis – megis a geir gan Freud, Adler a Jung. Eithr y peth sylfaenol yma ydyw'r berthynas bersonol. Rhaid i'r seicotherapydd ddeall y claf, ac os yw iechyd y claf i'w ennill drwy alw eto i'w ymwybyddiaeth bethau a guddiwyd ganddo yn y gorffennol, rhaid i'r meddyg fod megis tad tuag ato. Y mae gofynion y gwaith hwn ar y seicotherapydd yn drwm iawn: rhaid iddo weithio drwy ffydd a chariad, ac am hynny, rhaid sylfaenu seicotherapi ar grefydd. Y mae a fynno seicotherapi â phersonau yn fwy nag ag afiechydon, ac y mae'n wir yma nad oes afiechydon, eithr personau afiach. Y mae'r gofynion hyn o angenrheidrwydd, ebr yr awdur, yn ein tywys at gariad Duw, ac y mae bywyd a phersonoliaeth iach yn golygu ymateb i'r cariad tragwyddol hwnnw.[43]

Yn hytrach na gweld y feddyleg newydd fel bygythiad i grefydd gonfensiynol, felly, dehonglai awduron blaenllaw Cymraeg, fel David Phillips a D. James Jones, syniadau'r ysgol hon fel modd i gryfhau ffydd eu cyd-Gristnogion. 'Amheua rhai pobl hawl Meddylegwyr i gyffwrdd â chrefydd', meddai Phillips yn ei adolygiad o gyfrol gan Fearon Halliday, ffigwr pwysig yn y 1930au a dderbyniodd y gweinidog carismatig Tom Nefyn hyfforddiant yn y defnydd bugeiliol o seicoleg wrth ei draed, 'ond ni wnânt hwy ddim amgen na'r hyn a gais y neb sy'n ceisio adnabod ei gyd-ddynion'.[44] Yn gyffredinol, roedd dylanwad seicoleg a seicdreiddiad yn y cyfnod hwn wedi symud meddylwyr Cymraeg fel Phillips i gyfeiriad Cristnogaeth lai awdurdodaidd a haearnaidd na'u rhagflaenwyr Fictoraidd, a meithrin agwedd fwy dyngarol ac agored yn eu plith.

Ychydig flynyddoedd yn ddiweddarach, ceisiodd ffigwr

deallusol Cymraeg arall a fu'n ymdrin ag athroniaeth a seicoleg yn ei waith, sef H. V. Morris-Jones, ddangos bod modd cydblethu a phriodi anghenion seicolegol y dyn neu'r ddynes fodern gyda'u hanghenion ysbrydol, gan wneud defnydd eto o syniadau Fromm a seicolegwyr ôl-Freudaidd eraill. Yn ei ddarlith, 'Y Meddwl Gwyddonol a'r Efengyl', a draddodwyd ym 1964, tynnodd Morris-Jones, fel J. R. Jones a David Phillips, ar waith Erich Fromm ac un o'r prif neo-Freudiaid eraill i wneud y pwynt bod yr olynwyr hyn i Freud wedi cwestiynu neu wrthod ei wrthwynebiad i grefydd i raddau helaeth:

> Cawn Gordon W. Allport yn galw sylw at y ffaith fod seicolegwyr wedi astudio blynyddoedd cynnar bywyd dyn yn llawer mwy trylwyr na'r blynyddoedd adolesent a diweddarach na hynny, a bod hyn wedi eu denu i'r casgliad diwarant mai peth plentynnaidd i'w 'roddi heibio' ydyw crefydd. Mae'n arwyddocaol iawn bod seicolegwyr wrth geisio dadansoddi'r blynyddoedd canol-oed, yn cael eu hunain gydag Erich Fromm yn pwysleisio mai swyddogaeth crefydd yw rhoddi i ddyn rhyddid cyfrifol.[45]

Fel Allport, Fromm, Karen Horney a Gwilym O. Roberts (Cymro a fu'n darlithio yn eu plith yn yr Unol Daleithiau wedi'r Ail Ryfel Byd ac a wnaeth, yn fwy na neb, ledaenu eu neges trwy'r Gymraeg yn y cyfnod hwnnw), credai Morris-Jones bod seicdreiddiad a seicotherapi yn ei hanfod yn cryfhau Cristnogaeth yn hytrach na'i thanseilio. 'Trwy ei hastudiaeth o'r diymwybod fel gallu positif, deallus a deinamig,' meddai, 'y mae hi hefyd yn help i ni weled treiddgarwch yr hyn a ddywedir yn yr Ysgrythurau am y pethau sy'n blino enaid dyn ac am yr oruchafiaeth arnynt. Nid yw'n ormod dweud y gall Seicoleg heddiw fod yn foddion i adfer awdurdod moesol ac ysbrydol y Beibl.'[46]

Cyplyswyd gwaith Fromm a'r seicdreiddwyr gyda gweithiau deallusion radicalaidd eraill y cyfnod fel Lewis Mumford yng ngwaith D. Tecwyn Lloyd ac eraill wedi'r Ail Ryfel Byd. Yn ei gyfrol arloesol o *Erthyglau Beirniadol* ym 1946, cyfeiriodd Lloyd at gyfrolau Mumford, *Technics and Civilisation, Barbarism and Dissolution* a *The Condition of Man*, wrth wneud y pwynt bod seiliau'r unigolyn a'i ffydd wedi cael eu siglo a'u chwalu gan wareiddiad modern yr ugeinfed ganrif. 'Mewn gwareiddiad lle gwnaethpwyd cynnydd mor aruthrol mewn techneg a pheiriannaeth,' meddai, 'fe atomeiddiwyd personoliaeth dyn: clymwyd ei egnïon wrth getyn llai a llai megis ar y *conveyor* belt; fe dynnwyd ei ymysgaroedd allan a'i wacáu: aeth cyfanrwydd hanfodol ei bersonoliaeth yn deilchion ac fe gyplyswyd y teilchion hynny wrth y peth hwn ac arall heb sicrhau bod yno gysylltiad bywydol a chyfannol rhwng y teilchion hynny a'i gilydd.'[47] Dengys Lloyd ei ddealltwriaeth fanwl o syniadau Freud, Jung ac eraill trwy gydol y gyfrol hon, a chyfeiria at bwysigrwydd eu darganfyddiadau ynglŷn â'r anymwybod yn fynych, a'u sgil-effeithiau o ran ein dealltwriaeth o'n hunain, er iddo amau a oedd llenorion ei oes wedi gwneud defnydd call ohonynt ym mhob achos: 'Datganolwyd dyn, ac y mae llawer o lên yr isymwybod yn ddim namyn cyfresi o ysbeidiau o ymwybyddiaeth cwbl ddigyswllt ac, o ran patrwm, cwbl ddigelfyddyd.'[48] Cyfeiriodd J. H. Griffith at waith Lewis Mumford yn ei gyfrol ddiddorol *Crefydd yng Nghymru* o'r un flwyddyn, a dewisodd Alwyn D. Rees ei waith ymhlith ei restr o lyfrau hanfodol i'w darllen wedi diwedd yr Ail Ryfel Byd yng nghylchgrawn *Lleufer*, ynghyd â llyfrau Fromm, Harold Laski ac eraill.[49]

Bu Mumford a Fromm ill dau yng ngogledd Cymru yn y 1960au cynnar, y cyntaf i ddringo mynyddoedd Eryri ac ymweld â phentref Portmeirion, a'r ail i gwrdd â'i gyd-ymgyrchydd gwrth-niwclear, Bertrand Russell, a oedd yn trigo'n gyfagos ar y pryd. Daeth gorsaf niwclear Trawsfynydd, a oedd wrthi'n cael ei hadeiladu, i sylw Mumford wrth iddo droedio'r mynyddoedd lleol ym 1962, a gresynodd yn ei erthygl i'r *New Yorker* ar ei daith: 'In their usual callous manner, the Nuclear Gods have chosen this almost untouched part of wild Wales as the site, only a dozen miles from Portmeirion, of one of the great temples in which their priests will perform their dangerous even though seemingly obvious cosmic rites'.[50]

Rhannai amryw o'r meddylwyr mwyaf diddorol yn rhengoedd Plaid Cymru yn ei degawdau cyntaf yr un amheuaeth â J. R. Jones am awdurdod, a'r un penderfyniad i'w rwystro rhag tyfu'n ormodol. Mynegwyd hynny yng ngwaith gwrth-ffasgaeth tanbaid aelodau ifanc o'r Blaid yn y 1930au hwyr mewn cyfnodolion mentrus newydd fel *Heddiw* a *Tir Newydd*, ac yn syniadau'r mudiad, 'Gwerin', a ffurfiwyd gan fyfyrwyr ifanc fel D. Tecwyn Lloyd ei hun a Harri Gwynn o fewn Plaid Cymru ym Mhrifysgol Bangor ym 1935. Disgrifiodd D. Tecwyn Lloyd y mudiad 'Gwerin' ym 1974 fel 'Ffrynt Unedig' o fyfyrwyr ym Mangor: heddychwyr, sosialwyr a chenedlaetholwyr, a thystiodd mai 'fel cenedl annibynnol sosialaidd y gwelem ni Gymru'r dyfodol'.[51] Roedd gwrthwynebiad cryf i ymgais lluoedd Franco i drechu'r weriniaeth a sefydlwyd yn Sbaen ym 1931, ac i dwf ffasgaeth ac awdurdodaeth yn gyffredinol, yn rhan amlwg o syniadaeth y mudiad.

Ceir dadansoddiad cyfoes mwyaf treiddgar D. Tecwyn Lloyd o beryglon awdurdodaeth yn ei erthygl, 'Clywed Pregethu', a gyhoeddwyd yng nghylchgrawn *Heddiw* ym mlynyddoedd cynnar yr Ail Ryfel Byd. Dengys Lloyd sut y tanseiliwyd awdurdod Beiblaidd, dwyfol, yn y bedwaredd ganrif ar bymtheg, gan arwain deallusion ac awduron, am gyfnod, i dderbyn gwirionedd yn unig fel awdurdod dilys. Hwn oedd y cam pwysicaf ymlaen i'r ddynoliaeth ers y Dadeni Dysg, yn ôl Lloyd, ond fe'i tanseiliwyd o fewn cyfnod byr gan ddibyniaeth barhaus y mwyafrif o'r deallusion ac awduron hyn ar ryw fath o awdurdod allanol i'w cynnal. Canlyniad hynny oedd yr 'adwaith yn ôl at awdurdodaeth a gafwyd yn y deng mlynedd diwethaf'; tueddiad, ymhellach, i ddychwelyd nid at awdurdodaeth Feiblaidd ond at awdurdod rhai o ddiwinyddion mwyaf blaenllaw'r cyfnod, fel Karl Barth a Rudolf Niebuhr.⁵² Pwysleisiodd Lloyd mai'r ffenomen gymdeithasol hon oedd testun ei feirniadaeth, nid yr unigolion a'i mynegodd yn eu gwaith: 'Yr hyn y dymunwn ei gondemnio ydyw awdurdodaeth, nid awduron.' Disgrifiodd y broses o lithro i afael awdurdodaeth fel 'ffasgiaeth feddyliol', a rhybuddiodd nad yn y gwladwriaethau ffasgaidd fel yr Almaen a'r Eidal yn unig y gwelir ei gafael yn cynyddu. 'Ond ofer y wers a'r gofal os na sylweddolwn fod yr un adwaith yn union yn digwydd yn ein gwlad ni y dyddiau hyn. Y mae wedi cyflymu er dechrau'r rhyfel, ond yr oedd y gwreiddiau yn y ddaear flynyddoedd ynghynt'. Daw'r erthygl i glo gyda'i alwad rymus, wrth-ffasgaidd, i uno'n erbyn yr adwaith awdurdodaidd a'r peryglon i ryddid oedd ynghlwm ag ef: 'Llefarwn yn erbyn tueddiadau sydd yn ddrwg digymysg i ysgolheictod a chywirdeb [...] Os hyhi sydd yn yr Almaen neu'r Eidal, gwrthwynebwn hi yno; gwrthwynebwn hi y funud hon yn Lloegr a Chymru am y gwyddom ei bod hi a'i chynheiliaid yn heigio yma [...] rhaid i'r goleuni a'r gwirionedd wrth ffrynt unedig i wrthsefyll y gwylliaid ymhob man.'

Ychydig flynyddoedd yn ddiweddarach, tua diwedd yr Ail Ryfel Byd, cyfrannodd gwrthwynebwr cydwybodol arall blaenllaw, sef Iorwerth C. Peate, erthygl i'r *Llenor* ar 'Anghydffurfiaeth a Diwylliant', a daflodd oleuni pellach ar ddatblygiad awdurdodaeth yn yr ugeinfed ganrif.⁵³ Fel yn nadansoddiad Ysgol Frankfurt o awdurdodaeth yn yr un cyfnod, gwelai mai'r adwaith yn erbyn 'rheswm' oedd un o'r rhesymau pwysicaf dros dwf y ffenomen hon. 'A'r canlyniad yw fod Awdurdodaeth a'r Peiriant', meddai, 'wedi cipio ein gwareiddiad i'w crafangau.' Yn sgil yr adwaith yn erbyn 'rheswm', atgyfnerthwyd a mawrygwyd grym y wladwriaeth ar draul yr unigolyn. Fel cenedlaetholwr ac aelod amlwg o Blaid Cymru, dadleuodd mai lleihau grym y wladwriaeth ganolog a dychwelyd i'r ddelfryd o'r gymdeithas fechan a chwaraeodd ran mor amlwg yn nyddiau cynnar Anghydffurfiaeth yng Nghymru oedd y cwrs gwleidyddol ddylid ei gymryd. Edrychodd tuag at wledydd Sgandinafia, fel nifer o'i gyd-genedlaetholwyr Cymreig yn yr un cyfnod, ar gyfer ysbrydoliaeth:

> Dywed Rousseau nad yw democratiaeth yn realiti ond mewn cymdeithas fechan, gan na fedr dyn cyffredin amgyffred dim ond cymdeithas fechan. Ac y mae'n nodweddiadol mai gwledydd bychan megis Denmarc a Sweden a Chymru a ddatblygodd democratiaeth bellaf fel sylfaen eu bywyd.'

Yn ei ysgrif ar 'Draddodiad ac Awdurdod', a gyhoeddwyd ym 1936, dadleuodd Peate ymhellach mai anghydffurfio ag awdurdod yr Eglwys yn Lloegr fu'n sail i'r ymwybyddiaeth genedlaethol yng Nghymru dros y tair canrif ddiwethaf 'canys sefyll tros hawl cenedl i ddatblygu'n rhydd oddi wrth hualau awdurdod haearnaidd a wna'r cenedlaetholwr.'[54]

Cyfrannodd cyfaill Peate, a oedd yn rhan o'r un cylch o ddeallusion Cymraeg yng Nghaerdydd y 1930au a'r 1940au, sef W. J. Gruffydd, erthygl debyg ar 'Ddiorseddiad Rheswm' i'r cylchgrawn modernaidd *Tir Newydd* ym 1938.[55] Roedd totalitariaeth ac awdurdodaeth wedi dod i lywodraethu ym mhob cylch o fywyd cyfoes, yn ôl Gruffydd, nid ym maes gwleidyddiaeth yn unig. Dadleuodd mewn modd tebyg iawn i Erich Fromm yn yr un cyfnod mai parodrwydd unigolion i ildio'u rhyddid i awdurdod allanol, yn hytrach na wynebu'r cyfrifoldeb sydd ymhlyg yn y rhyddid hwnnw, oedd yn gyfrifol am y duedd hon: 'y mae enaid dyn fel pe bai wedi blino ar ymbalfalu yn y tywyllwch trosto ei hun am y gwirionedd ac yn barod bellach i'w gyflwyno ei hunan i unrhyw Awdurdod sydd yn gwneuthur hynny drosto, am mai casgliad o eneidiau dynol eraill sy'n cyfansoddi'r Awdurdod hwnnw.' Gwelai un o'r arweinwyr ifanc oedd yn dod i amlygrwydd cynyddol yn rhengoedd Plaid Cymru, sef Gwynfor Evans, beryglon awdurdodaeth gynyddol y llywodraeth Brydeinig yn ei erthygl ar 'Cymru, Lloegr a Rhyfel' i gylchgrawn *Heddiw,* hefyd ym 1938: 'Casglu mwy a mwy o awdurdod i ddwylo y llywodraeth yw trefn y dydd, canoli a chryfhau'r gallu gweinyddol er hwylustod y swyddogion cyn y daw'r rhyfel newydd am feistrolaeth y byd.'[56]

Cyplyswyd y gwrthwynebiad uchod i awdurdodaeth yn gyffredinol â gwrthsafiad tanbaid yn erbyn ffasgaeth yn benodol yn erthyglau Cyril Cule yn fwyaf amlwg i gylchgronau fel *Heddiw* a *T(h)ir Newydd* o ddechrau Rhyfel Cartref Sbaen ym 1936 ymlaen. Roedd Cule yn genedlaetholwr ac yn aelod o Blaid Cymru, a bu'n llygad-dyst i ddyddiau cynnar y rhyfel yn Sbaen yn rhinwedd ei swydd fel athro. Ysgrifennodd gyfrol bwysig o'r enw *Cymro ar Grwydr* ym 1941 am ei deithiau yn y 1930au, gan gynnwys cyfnodau yn Syria a Lebanon.[57] I Cule, yn wahanol i farn arweinyddiaeth Plaid Cymru ar y pryd, dylid cwrdd â bygythiad ffasgaeth yn Sbaen yn uniongyrchol ac yn nerthol yn rhannol er mwyn gwarchod hawliau'r unigolyn. Yn ei golofn reolaidd i *Heddiw* ar 'Gwrs y Byd' ym Mai 1938, wrth drafod y rhyfel yn Sbaen, dadleuodd o ganlyniad mai 'Ffwlbri yw sôn am roi ffordd *i arbed bywydau.* Ni arbedir bywyd wrth roi ffordd i haid o fleiddiaid. Rhaid trechu'r bleiddiaid neu ddianc. Peth amhosibl yw cytuno â bleiddiaid. Yr un mor ffôl ydyw sôn am gytuno a bleiddiaid Ffasgaeth. Rhaid eu trechu neu ddianc oddi wrthynt.'[58] Yn ôl golygydd ifanc y cylchgrawn, Aneirin Talfan Davies, Cule oedd yr unig aelod o'r Blaid Genedlaethol i weld y rhyfel yn Sbaen drosto ei hunan. Esboniodd Cule mewn llythyr ato, o ganlyniad, 'mae'n naturiol fy mod i'n teimlo'n gryf iawn am y cwestiynau hyn am fy mod wedi cael bwledi ffasgaidd o gwmpas fy nghlustiau'.[59] Gwnaeth gysylltiad pwysig y flwyddyn flaenorol rhwng y rhyfel yn Sbaen a'r frwydr fyd-eang yn erbyn imperialaeth. Yn ei erthygl 'India, Sbaen a Chymru', cyfeiriodd at 'deimlad gwrth-imperialaidd' ymhlith cenedlaetholwyr Cymreig a oedd yn rhan o adain chwith y Blaid Genedlaethol. 'Dylai pobl y chwith lawenhau wrth glywed am lwyddiant Cenedlaetholwyr India yn yr etholiad diweddar', meddai, 'canys maent hwy yn ddiau yn perthyn i'r chwith. Gwelant y ffeithiau'.[60] Rhannai India a Chymru'r un gelyn yn nhyb Cule, sef imperialaeth Seisnig. Dyfynnodd yn helaeth o araith ddiweddar gan Nehru, lle cyffyrddodd arweinydd y mudiad yn India â'r rhyfel yn Sbaen, i wneud y pwynt bod ef a'i blaid yn sefyll yn gyffredinol 'dros weriniaeth ac yn erbyn Ffasistiaeth'. I Cule, fel amryw o genedlaetholwyr Cymraeg eraill yn yr un cyfnod, roedd ymdrech Nehru, Gandhi a'u dilynwyr yn India wedi atgyfnerthu ei gred mai brwydr yn erbyn nerthoedd cyfalafiaeth ac imperialaeth oedd y frwydr genedlaethol yn ei hanfod. 'A glywsom ddadl fwy grymus erioed dros uno'r holl nerthoedd democrataidd gan gynnwys y cenedlaetholwyr a'r sosialwyr, hynny yw pleidwyr y cenhedloedd tan ormes, a phleidwyr y dosbarthiadau tan ormes? Yr un peth sydd wrth wraidd pob gormes, sef y codau arian'. Yn yr un modd, dadleuodd yn Awst 1937 mai nod yr 'imperialwyr' Prydeinig oedd gadael i'r rhyfel yn Sbaen barhau mor hir â phosib, yn hytrach nag ymyrryd mewn unrhyw ffordd gadarn i ddod â hi i'w therfyn, er mwyn 'gwanhau eu cystadleuwyr yn y frwydr am farchnadoedd y byd'.[61] Dinoethir sinigiaeth a diffyg egwyddor y llywodraeth Brydeinig yn ei ymwneud â gweriniaeth Sbaen a bygythiad Franco i'w heinioes yng ngwaith Cule a'r gwrth-ffasgwyr Cymraeg eraill, fel Geraint Dyfnallt Owen, yn y cyfnod hwn.

I gloi'r arolwg byr hwn o'r defnydd amrywiol a wnaeth awduron Cymraeg o syniadau seicdreiddiol tu allan i faes penodol seicoleg yn y cyfnod rhwng y 1920au a'r 1960au, ceir cyfeiriadau diddorol atynt sy'n dangos sut y dehonglwyd hwy yn wleidyddol gan genedlaetholwyr yr oes yn y casgliad o ysgrifau ar feddwl a gwaith Saunders Lewis a gyhoeddodd Plaid Cymru ym 1950. Yn ysgrif Catherine Daniel, rhybuddiwyd mewn modd tebyg i J. R. Jones yn erbyn peryglon llithro i demtasiynau seicolegol awdurdodaeth, peryglon oedd i raddau'n guddiedig yn yr anymwybod:

> Amharod ydym i sylweddoli cymaint dihangfa oddi wrth wir gyfrifoldeb gwleidyddol a gynigir gan y sloganau a arferir i hybu a chorddi brwdfrydedd torfol wrth apelio at nerthoedd tywyll is-ymwybod dyn. Fe bair hyn mai gwir ferthyrdod ysbrydol yw bywyd yr unigolyn prin sy'n mynnu cadw lamp lachar rheswm yn olau yn wyneb rhuthr pwerau'r tywyllwch, gan ymgadw rhag y demtasiwn o ystumio'r gwirionedd i ffitio tymherau neu amgylchiadau.[62]

Yn ysgrif Myrddin Lloyd – ffigwr deallusol hollbwysig a wnaeth gyfraniad enfawr i ddehongli athroniaeth dirfodaeth yn y Gymraeg yn yr un cyfnod – tanlinellir y pwynt a wneir yn gyffredinol yn ysgrifennu cenedlatholgar Cymraeg y cyfnod mai proses seicolegol o ymwrthod â'r ymdeimlad o israddoldeb a nodweddai'r Cymry i raddau helaeth oedd hanfod y frwydr. Aeth J. R. Jones ymlaen yn y 1960au i ymhelaethu'n graff a grymus ar gymhleth israddoldeb y Cymry a eglurai yn rhannol eu hymlyniad wrth Brydeindod, ond Saunders Lewis oedd wedi cychwyn y broses hanfodol o ymysgwyd â hualau'r meddylfryd hwnnw, yn ôl Myrddin Lloyd. 'Cais ef roi plyg newydd i feddwl gwleidyddol yng Nghymru' meddai, 'nid at unrhyw eithafrwydd, ond oddi wrth hunan-anghofrwydd eithafol i gyfeiriad normal, sef cael y genedl i ystyried aml broblemau'r dydd yn eu perthynas a'i bywyd ei hun. Golau rhyfedd ar gyflwr meddwl Cymru ein hoes yw sylweddoli y byddai hyn yn chwyldro meddyliol.'[63] Yng nghysgod y pandemig coronafeirws a llywodraeth gynyddol awdurdodaidd, asgell dde Boris Johnson ers diwedd 2019, a'u bygythiad deublyg i'n dyfodol fel cenedl, mae'n ddigon hawdd dadlau a gresynu bod y chwyldro meddyliol hwnnw'n dal i aros i gael ei wireddu yng Nghymru.

'Cario Baich Cyfrifoldeb Rhyddid'

Nodiadau

1. Daw'r dyfyniad hwn o araith gan J. R. Jones a draddodwyd ym 1942, D. James Jones a J. R. Jones, *Anerchiadau Cymdeithasfaol* (Caernarfon: Gwasg Gee, 1943), t. 47.
2. D. James Jones, 'Nodiadau Byr Hanes Adran Athronyddol Urdd y Graddedigion, 1931-1937', *Efrydiau Athronyddol*, I, 1938, t. 73.
3. Idwal Jones, 'Sigmund Freud', *Efrydiau Athronyddol*, VII, 1944, tt. 39–56.
4. Papurau J. R. Jones, Llyfrgell Genedlaethol Cymru, Ffeiliau C9-C11 a C14 yn arbennig.
5. Papurau J. R. Jones, Ffeil C14.
6. Ibid.
7. T. Ellis Jones, 'Anfarwoldeb yng Ngholeuni Seicoleg Ddiweddar', *Seren Gomer*, Ionawr 1935, t. 8.
8. Gweler Llion Wigley, *Yr Anymwybod Cymreig: Freud, Dirfodaeth a'r Seice Cymreig* (Caerdydd: Gwasg Prifysgol Cymru, 2019) ar gyfer ymdriniaeth mwy llawn â'r gweithiau hynny, tt. 91-117.
9. Papurau J. R. Jones, Ffeil C14.
10. Ibid.
11. Ibid.
12. Gweler Llion Wigley, 'Y Plentyn yn y Canol: Yr Addysg Newydd yng Nghymru c. 1918-1969', *Y Traethodydd*, CLXXIV, Gorffennaf 2019, tt. 148–167, ar gyfer dadansoddiad o gyfnod Summerhill yng Nghymru a defnydd awduron ac addysgwyr Cymreig o syniadau cysylltiedig â rhai Neill.
13. Papurau J. R. Jones, Ffeil C14.
14. Gweler y gyfrol o'u llythyrau, Beverley Placzek (gol.), *Record of a Friendship: The Correspondence of Wilhelm Reich and A. S. Neill* (London: Farrar Straus & Giroux, 1982).
15. Wilhelm Reich, *The Mass Psychology of Fascism*, (Berlin: Farrar Strauss & Giroux, 1933).
16. Gweler Theodor Adorno, Else Frenkel-Brunswik, Daniel J. Levinson, R. Nevitt Sanford, *The Authoritarian Personality* (New York: Harper & Brothers, 1950).
17. Ni chyhoeddwyd arolwg Fromm, *The Working Class in Weimar Germany: A Psychological and Sociological Study* (New York: Harvard University Press, 1984) tan wedi ei farwolaeth ym 1980, ond ymgorfforwyd llawer o'i ymchwil yn ei gyfrol *The Fear of Freedom* (London: Kegan, 1942), ac yng ngweithiau cysylltiedig Ysgol Frankfurt yn y 1930au a'r 1940au.
18. Dyfynnir Horkheimer yng nghyfrol arbennig Martin Jay, *The Dialectical Imagination: A History of the Frankfurt School and Institute of Social Research, 1923-1950* (New York: University of California Press, 1973), yr ymdriniaeth fwyaf llawn a threiddgar â datblygiad a syniadau Ysgol Frankfurt, t. 240.
19. Gweler Stuart Jeffries, *Grand Hotel Abyss: The Lives of the Frankfurt School* (London: Verso, 2016) ar gyfer cyflwyniad diweddar, eglur i syniadau'r ysgol a'i phwysigrwydd.

[20] Canolbwyntir ar yr agwedd hon o waith Reich yng nghyfrol y nofelydd ac awdures ddisglair Olivia Laing, *Everybody: A Book About Freedom* (London: W. W. Norton & Company, 2021) a gyhoeddwyd yn ddiweddar. Reich yw'r prif ffigwr sy'n cael ei drafod yn y gyfrol bwysig hon, a daeth â'i waith i amlygrwydd haeddiannol newydd yn y Deyrnas Unedig yn arbennig.

[21] W. Edward Mann & Edward Hoffman, *Wilhelm Reich: The Man Who Dreamed of Tomorrow* (Los Angeles: J. P. Tarcher, 1980), t. 54.

[22] Gweler Juliet Mitchell, *Psychoanalysis and Feminism*, (London: Alfred a Knopf, Inc, 1974) yn arbennig.

[23] Papurau J. R. Jones, Ffeil C9.

[24] Papurau J. R. Jones, 'Sgwrs ar Freud a Marx', Ffeil AVII/105. Daw'r adolygiadau o lyfr Erich Fromm, *The Fear of Freedom*, o *Y Traethodydd*, XCVIII, 1943, tt. 186–88, a *Lleufer*, 2/1, Gwanwyn 1946, t. 30.

[25] D. R. Thomas, *Fromm: Y Meddwl Modern* (Dinbych: Gwasg Gee, 1984).

[26] Idem., *Athronwyr ac Addysg* (Caerdydd: Gwasg Prifysgol Cymru, 1969), gweler y bennod ar Russell yn arbennig, tt. 112–17.

[27] Ibid., t. 27.

[28] Fromm, *The Fear of Freedom*, t. 103

[29] Gweler Jay, *The Dialectical Imagination*, t. 261.

[30] Papurau J. R. Jones, 'Sgwrs ar Freud a Marx', Ffeil AVII/105.

[31] Herbert Marcuse, *Eros and Civilisation* (New York: Beacon Press, 1955). Gweler Jay, *The Dialectical Imagination*, tt. 108–112 ar gyfer manylion llawn y ddadl gyhoeddus rhwng Marcuse a Fromm a'r Neo-Freudiaid eraill.

[32] Jones, *Anerchiadau Cymdeithasfaol*, t. 43.

[33] Ibid., t. 45.

[34] Ibid., t. 47.

[35] J. R. Jones, 'Cristnogaeth a Democratiaeth', *Y Traethodydd*, XCVIII, Ebrill 1943, t. 54.

[36] Ibid., t. 53.

[37] Ibid., t. 54.

[38] Gwynfor Evans (gol.), *Tystiolaeth y Plant* (Dinbych, 1943), tt 30–1.

[39] Papurau J. R. Jones, 'Perthynas y Cristion a'r Wladwriaeth Heddiw', Ffeil AVII/93.

[40] Ibid.

[41] Ibid.

[42] David Phillips, Adolygiad o Thomas Hywel Hughes, *The New Psychology and Religious Experience*, *Y Traethodydd*, LXXXIX, Ebrill 1934, t. 126.

[43] D. James Jones, Adolygiad o *Psychology and God*, *Y Traethodydd*, Gorffennaf 1932, LXXXVII, t. 53.

[44] David Phillips, Adolygiad o *Psychology and Religious Experience*, *Y Traethodydd*, LXXXV, Ionawr 1930, t. 193.

45 H. V. Morris-Jones, *Y Meddwl Gwyddonol a'r Efengyl[:] Darlith Davies* (Caernarfon: Llyfra'r Methodistiaid Calfinaidd, 1975), t. 13.
46 Morris-Jones, *Y Meddwl Gwyddonol a'r Efengyl*, t. 54.
47 D. Tecwyn Lloyd, *Erthyglau Beirniadol* (Llandysul: Y Clwb Llyfrau Cymreig, 1946), t. 86.
48 Ibid., t. 87.
49 J. H. Griffith, *Crefydd yng Nghymru* (Lerpwl: Y Clwb Llyfrau Cymreig, 1946), t. 52, a Alwyn D. Rees 'Beth i'w ddarllen', *Lleufer*, 2/1, Gwanwyn 1946, t. 30.
50 Lewis Mumford, 'The Sky Line from Crochet's Castle to Arthur's Seat' yn *The New Yorker*, 1962. Cyhoeddwyd yr ysgrif hefyd yn ei gyfrol, *The Highway and the City* (New York: New American Library, 1964). Gweler Lawrence J. Friedman, *The Lives of Erich Fromm: Love's Prophet* (New York: Columbia University Press, 2014), t. 249 ar gyfer y cyfeiriad at ei ymweliad â Chymru.
51 D. Tecwyn Lloyd, 'Cyfraniad y Brifysgol i Wleidyddiaeth', *Efrydiau Athronyddol*, XXXVII, 1974, t. 37.
52 Idem., 'Clywed Pregethu' yn *Heddiw*, 6/12, Rhagfyr 1941, tt. 161–2.
53 Iorwerth Peate, 'Anghydffurfiaeth a Diwylliant', *Y Llenor*, XXIV, 1945, tt. 68–78.
54 Iorwerth C. Peate' 'Traddodiad ac Awdurdod' yn *Sylfeini* (Lerpwl, 1937), tt. 161–2.
55 W. J. Gruffudd, 'Diorseddiad Rheswm', *Tir Newydd*, 14, Tachwedd 1938, tt. 20–21.
56 Gwynfor Evans, 'Cymru, Lloegr a Rhyfel', yn *Heddiw*, 3/7, Chwefror 1938, t. 246.
57 Cyril Cule, *Cymro ar Grwydr* (Llandysul: Gwasg Gomer, 1941). Gweler hefyd Llion Wigley, 'Rhyfeddu at y Cread: Llenyddiaeth Taith yn y Gymraeg c.1931-1975', *Y Traethodydd*, CLXXIV, Gorffennaf 2020, 135-158 a Hydref 2020, tt. 226–232.
58 Cyril Cule, 'Cwrs y Byd', *Heddiw*, 3/10, Mai 1938, t. 290.
59 Aneirin Talfan Davies, 'Nodiadau'r Golygydd', *Heddiw*, 2/12, Gorffennaf 1937, t. 147.
60 Cyril Cule, 'India, Sbaen a Chymru' yn *Heddiw*, 2/12, Gorffennaf, 1937, t. 123.
61 Idem., 'Cwrs y Byd' yn *Heddiw*, 3/1, Awst 1937, t. 10.
62 Catherine Daniel, 'Saunders Lewis, Ewropead' yn Pennar Davies (gol.), *Saunders Lewis: Ei Feddwl a'i Waith* (Caerdydd: Gwasg Prifysgol Cymru, 1950), t. 34.
63 Myrddin Lloyd, 'Syniadau Gwleidyddol Saunders Lewis' yn Davies (gol.), *Saunders Lewis: Ei Feddwl a'i Waith*, t. 45.

'I suddenly felt very black and very Welsh': Cymreictod a Chroestoriadaeth yn *Sugar and Slate* gan Charlotte Williams

Lisa Sheppard

WRTH DRAFOD YR ANHAWSTER a wyneba'r sawl sy'n ceisio diffinio perthynas amwys rhai gwledydd neu ddiwylliannau â hanes trefedigaethu, awgryma Ken Goodwin y dylai astudiaethau ôl-drefedigaethol ein hannog i feddwl fod pob un yn arddangos nodweddion ymerodrol, trefedigaethol ac ôl-drefedigaethol i wahanol raddau.[1] Noda Kirsti Bohata yn ei chyfrol arloesol, *Postcolonialism Revisited*, fod yr ymagwedd hon yn arbennig o ddefnyddiol wrth drafod hanes Cymru os ydym am roi sylw teilwng i'w choncwest gan Loegr yn ystod yr Oesoedd Canol, a'r rôl y chwaraeodd y Cymry eu hunain wrth drefedigaethu eraill ar draws y byd dan faner yr Ymerodraeth Brydeinig yn y cyfnod modern.[2] Gellid dadlau bod digwyddiadau'r blynyddoedd diwethaf wedi amlygu'r agweddau croes hyn ar hanes Cymru, a sut maen nhw'n parhau i effeithio ar y genedl fodern sydd ohoni. Roedd pandemig Covid-19 wedi pwysleisio'r rhaniad gwleidyddol a chyfreithiol modern sy'n bodoli rhwng Cymru a Lloegr, wrth i'r ddwy wlad ddilyn rheolau gwahanol wrth geisio atal lledaenu'r coronafeirws. Roedd nifer o'r gwahaniaethau hynny, megis llacio'r rheolau teithio yn Lloegr yn gynt nag yng Nghymru, a'r

'I suddenly felt very black and very Welsh'

rheidrwydd a deimlodd Llywodraeth Cymru i rybuddio pobl rhag teithio o Loegr i gyrchfannau yng Nghymru a oedd dan glo o hyd, wedi dangos ym marn rhai fod diffyg parch tuag at Gymru fel cenedl ar wahân, a bod ei pherthynas â'i chymdogion yr ochr draw i Glawdd Offa, er nad yn un drefedigaethol bellach, yn parhau'n un anghyfartal ac anfanteisiol. Ynghyd â hyn, gwelwyd twf yn y mudiad cenedlaethol yng Nghymru yn yr un cyfnod, gydag aelodaeth y mudiad trawsbleidiol dros annibynniaeth i Gymru, Yes Cymru, yn tyfu'n aruthrol.

Dylem ochel, fodd bynnag, rhag meddwl am y Gymru fodern fel trefedigaeth yn yr un modd â rhai o wledydd pell yr Ymerodraeth Brydeinig. Mae beirniaid llenyddol a diwylliannol megis Jane Aaron, Kirsti Bohata a Katie Gramich wedi cymhwyso theorïau gan ddamcaniaethwyr rhyngwladol megis Franz Fanon, Edward Said a Homi Bhabha i'r diwylliant Cymreig gan gynnal trafodaethau ffrwythlon iawn.[3] Er bod rhai, megis Dai Smith, wedi dadlau nad oes modd synied am Gymru fel gwlad ôl-drefedigaethol,[4] mae gwaith damcaniaethwyr fel Aaron, Bohata, Gramich ac eraill yn dangos yn glir fod elfennau o ddiwylliant a llenyddiaeth Cymru, o leiaf, yn arddangos nodweddion ôl-drefedigaethol, er iddynt gyfaddef bod perthynas Cymru â threfedigaethu'n un gymhleth. Dylem bwyllo, fodd bynnag, rhag camddehongli'r trafodaethau academaidd hyn er mwyn dadlau fod y Gymru fodern yn parhau'n drefedigaeth i Loegr, fel y gellid dadlau y gwnaeth arweinydd Plaid Cymru, Adam Price, yn ei gyfrol, *Wales: The First and Final Colony* (2018), a phan alwodd am iawndaliadau – *reparations* – i Gymru, mewn modd tebyg i'r hyn y mae disgynyddion caethweision wedi'i wneud ers degawdau.[5]

Amlygwyd natur broblematig y naratif hwn fwy fyth yn ystod y blynyddoedd diwethaf yn dilyn sawl digwyddiad o bwys yn rhyngwladol ac yn genedlaethol sydd wedi amlygu'r hiliaeth a'r driniaeth israddol y mae pobl ddu a phobl o liw yn eu profi'n feunyddiol. Yn ystod haf 2020, gwelwyd protestiadau ar draws y byd yn enw'r mudiad *Black Lives Matter* yn dilyn llofruddiaeth George Floyd gan un o swyddogion yr heddlu yn Minneapolis, ac yn gynnar yn 2021 wynebodd teulu brenhinol Prydain gyhuddiadau o hiliaeth oherwydd ei driniaeth o Dduges Sussex. Yng Nghymru yn benodol cafwyd protestiadau yn dilyn marwolaeth Mohamud Mohammed Hassan oriau yn unig ar ôl iddo gael ei ryddhau o'r ddalfa yng Nghaerdydd. Bu hefyd wrthwynebiad i'r penderfyniad i adeiladu amgueddfa meddygaeth filwrol ym Mae Caerdydd gan ei bod yn anystyriol o dreftadaeth yr ardal sy'n gartref hanesyddol i'r bobl a ddaeth i Gymru o wledydd a drefedigaethwyd gan luoedd Prydeinig. Serch hynny, cafwyd un datblygiad cadarnhaol o safbwynt mynd i'r afael â hiliaeth yng Nghymru, sef adolygiad yr Athro Charlotte Williams o'r modd y caiff hanes pobl ddu a lleiafrifoedd ethnig ei ddysgu yn ysgolion Cymru, a phenderfyniad dilynol Llywodraeth Cymru i wneud yr hanes hwn yn rhan graidd o'r cwricwlwm. Mae gan hanes gormes yng Nghymru, a'r ffordd y caiff ei drafod, oblygiadau mawr felly i'r modd y mae'r genedl fodern yn ei dychmygu ei hun. Os yw'r Cymry yn mynnu meddwl amdanynt eu hunain fel pobl dan ormes, beth felly am y cymunedau du neu ethnig lleiafrifol yn eu plith sy'n byw dan ormes ac anfantais hiliaeth strwythurol hefyd? A yw pwysleisio perthynas anghyfartal honedig Cymru a Lloegr yn peri inni anwybyddu'r anghydraddoldeb y mae rhai cymunedau o Gymry'n ei wynebu yn eu gwlad eu hunain? Y gobaith yw y bydd y cwricwlwm newydd yn annog cenedlaethau o Gymry'r dyfodol i fyfyrio nid yn unig ar hanes pobl ddu a lleiafrifoedd ethnig yng Nghymru, ond ar yr elfennau hyn yn hanes y wlad sy'n croestorri ac yn croestynnu.

Mae Charlotte Williams ei hun wedi hen arfer â myfyrio ar y materion hyn ar hyd ei gyrfa fel academydd ac awdur, a'i hadolygiad yw ei chyfraniad diweddaraf i'r drafodaeth ar berthynas gymhleth Cymru a hanes pobl ddu. Ei chyfraniad mwyaf clodwiw, gellid dadlau, yw ei chyfrol hunangofiannol, *Sugar and*

'I suddenly felt very black and very Welsh'

Slate (2002) a enillodd wobr Wales Book of the Year yn 2003, ac a gafodd argraffiad newydd drachefn gan Penguin Books yn 2023. A hithau dros 20 mlwydd oed erbyn hyn, nid yw'n perthyn i'r cyfnod presennol yn union, wrth gwrs, ond mae'n ymhél â nifer o themâu sy'n berthnasol i'r trafodaethau cyfoes a nodwyd uchod. Ymhlith y rhain mae sefyllfa lleiafrifoedd hiliol yng Nghymru, a hanes trefedigaethol y wlad – hanes ei gormesu gan Loegr, yn ogystal â'i rôl yn trefedigaethu eraill dan faner yr Ymerodraeth Brydeinig. Yn y bennod hon hoffwn archwilio sut y mae cyfrol Charlotte Williams yn cynnig ffordd o negodi'r elfennau croes hyn o hanes Cymru mewn modd sy'n ystyriol o'r ffordd y mae gwahanol grwpiau o bobl yn profi anfantais neu ormes mewn gwahanol sefyllfaoedd.

Un maes syniadaeth a allai fod o fudd wrth geisio mynd i'r afael â chymlethdodau strwythurau gwleidyddol, cymdeithasol a diwylliannol Cymru yw'r hyn sy'n cael ei alw'n 'groestoriadaeth', neu *'intersectionality'*. Mae'n syniadaeth neu'n ffordd o feddwl am ba grwpiau neu hunaniaethau sy'n cael eu breinio neu eu difreinio gan strwythurau'r gymdeithas, ac fe ddatblygodd o waith ffeminyddion du yn Unol Daleithiau America am yr ormes ddeublyg roedd menywod du yn eu hwynebu o ganlyniad i'w rhywedd a lliw eu croen. Daeth y term *'intersectionality'* i amlygrwydd yng ngwaith Kimberlé Williams Crenshaw (o 1989 ymlaen) lle'r aeth ati i ddadansoddi sut yr oedd hiliaeth a rhywiaeth systemau cyfreithiol Unol Daleithiau'r America (a chymdeithas y wlad yn gyffredinol) yn rhoi menywod du dan anfantais ddwbl oherwydd eu bod yn fenywod ac yn ddu. Prif fyrdwn gwaith Crenshaw oedd nad oedd modd gwahanu effeithiau rhywiaeth a hiliaeth ar y menywod yma oddi wrth ei gilydd, ac nad oedd modd gwahaniaethu rhyngddynt ychwaith. Y syniad oedd bod systemau a strwythurau cymdeithasol – hiliaeth a rhywiaeth/patriarchaeth yn yr achos hwn, ond gellir meddwl am eraill megis imperialaeth, cyfalafiaeth, homoffobia ac yn y blaen – yn cydweithio, fel petai, i freinio rhai ac i roi eraill dan anfantais. Geilw Patricia Hill Collins, un o brif ladmeryddion eraill croestoriadaeth, a Valerie Chepp hyn yn 'mutually constructing systems of power'.[6] Yn ôl Brittney Cooper, 'Crenshaw's account of intersectionality … is implicated at the structural level rather than the personal level'.[7] Hynny yw, mae croestoriadaeth yn mynd i'r afael ag effaith y systemau hyn ar lefel y wladwriaeth, neu'r gymdeithas a'r strwythurau sy'n eu cynnal, yn hytrach nag ar lefel yr unigolyn. Yn ei hôl hi hefyd, nid yw'n anelu at ddiffinio hunaniaeth yn ei chyfanrwydd, nac ychwaith yn honni bod modd goresgyn yr ormes y mae systemau pŵer yn ei gosod ar wahanol grwpiau cymdeithasol unwaith ac am byth. Yn hytrach, mae croestoriadaeth yn 'tynnu'r gorchudd' oddi ar yr anfantais sy'n wynebu rhai rhannau o'r gymdeithas, er mwyn inni herio 'the ever-shifting machinations of systems that seek to reinstate and reinscribe dominance'.[8] Yn ôl Patricia Hill Collins a Valerie Chepp, mae croestoriadaeth yn 'constellation of knowledge projects' sy'n rhannu themâu creiddiol sy'n nodweddu'r maes.[9] Un thema bwysig a nodant yw nad oes modd deall systemau grym (rhywedd, hil, abledd ayyb) trwy eu gwahanu oddi wrth ei gilydd – 'similar oppressions mutually construct one another, drawing upon similar oppressions and forms of organization'.[10] Thema bwysig arall yng ngweithiau croestoriadol yw'r 'relational processes', prosesau perthynol sy'n cynnal systemau grym – maen nhw'n nodi 'The analytic importance of relationality in intersectional scholarship demonstrates how various social positions […] acquire meaning and power (or lack thereof) in relationship to other social positions'.[11] Thema bwysig arall yw ffiniau a grwpiau neu gymdeithasau ar ymylon gwahanol gategoriau hunaniaeth.[12] Y thema olaf maen nhw'n ei nodi yw diddordeb y maes mewn cymhlethdod – meddant: 'intersectionality as an analytical strategy compels us to grapple with the complexity of the world'.[13]

Yn syth, fe ymddengys rhai o'r themâu hyn yn berthnasol iawn i

'I suddenly felt very black and very Welsh'

Gymru. Mae'r syniad o natur berthynol systemau grym yn un a allai ein helpu i ddeall gwaddol cymhleth yr Ymerodraeth Brydeinig yng Nghymru – ar un olwg, fe ormeswyd Cymru gan Loegr, ac mae hi'n dal i ddioddef o'r herwydd nawr. Ond, os ystyriwn rai o'r gwledydd eraill a drefedigaethwyd gan yr Ymerodraeth Brydeinig, mae Cymru'n ymddangos yn freintiedig. Ac mae synied am bobl Cymru fel rhai sydd o dan anfantais o ganlyniad i ormes gan Loegr yn anwybyddu'r gwahanol lefelau o anfantais sy'n bodoli yma – hynny yw bod rhai grwpiau cymdeithasol dan anfantais waeth nag eraill. Mae'r syniad o ffiniau hefyd yn un bwysig o safbwynt Cymru – nid yn unig y ffin â Lloegr, ond beth am y ffiniau a'r rhaniadau mewnol sy'n strwythuro'r profiad Cymreig – ffiniau ieithyddol, y gogledd a'r de, y wlad a'r dref, diwydiant ac amaeth? Mae meddwl am y ffiniau hyn fel rhaniadau pendant rhwng un grŵp a'r llall yn llawer rhy syml, ac mae croestoriadaeth yn codi'r llen ar y cymhlethdod a berthyn i'r syniad o ffiniau.

A dyma ddod felly at y testun llenyddol yr hoffwn ei drafod yma – sef cyfrol hunangofiannol Charlotte Williams. Gellid dadlau bod y gyfrol yn 'brosiect croestoriadol' ys dywed Patricia Hill Collins a Valerie Chepp. Yn sicr mae hunaniaeth Charlotte a'r gymdeithas y mae'n ei darlunio yn gweddu i themâu croestoriadaeth. Mae'r gyfrol yn archwilio'i hunaniaeth fel Cymraes gymysg ei hil, yn ferch i Gymraes Gymraeg ei hiaith o Fethesda a'r arlunydd Denis Williams, dyn du o Gaiana ar arfordir Caribïaidd De America (hen drefedigaeth yr Ymerodraeth Brydeinig) a oedd yn ddisgynnydd i gaethion. Mae felly yn archwilio sut mae systemau cymdeithasol gan gynnwys hiliaeth, rhywiaeth, Cymreictod, gwrth-Gymreictod ac imperialaeth yn cyfuno i liwio profiad Charlotte o Gymru. Mae hefyd yn destun sy'n myfyrio ar ffiniau a chroesi ffiniau – mae Charlotte yn teithio rhwng Cymru, Nigeria a'r Swdan yn Affrica, a Gaiana, ac mae natur berthynol ei hunaniaeth yn dod i'r amlwg drwy hynny – wrth iddi symud o un wlad i'r llall mae'r grym neu'r manteision cymdeithasol mae'n eu mwynhau yn newid. Mae lleoliad Charlotte wrth iddi adrodd y stori yn pwysleisio hyn hefyd – mae hi'n aros am awyren ym maes awyr Trinidad wrth deithio'n ôl i Gymru o Gaiana.

Yn amlwg, gan fod hon yn gyfrol hunangofiannol, mae *Sugar and Slate* yn olrhain y profiadau sydd wedi siapio hunaniaeth a phersonoliaeth cymeriad Charlotte fel unigolyn. Onid yw pwyslais angenrheidiol cyfrol hunangofiannol ar yr unigolyn yn groes i amcanion 'croestoriadaeth', sy'n anelu at drafod hunaniaeth ar lefel strwythurol neu systemig? Hoffwn ddadlau fod *Sugar and Slate*, yn ogystal â bod yn hunangofiant, yn hunan-ethnograffeg hefyd – yn *autoethnography*.[14] Mae hunan-ethnograffeg yn ddull defnyddiol ar gyfer archwilio'r strwythurau a chyd-destunau cymdeithasol sy'n gefnlen i weithgarwch yr unigolyn. Yn ôl Deborah Reed-Danahay, mae testunau 'hunan-ethnograffeg' yn gosod yr unigolyn yn ei gyd-destun cymdeithasol.[15]

Mae'r term 'hunan-ethnograffeg' yn un sy'n cwmpasu sawl math o destun – mae academyddion yn defnyddio'r math hwn o destun i'w lleoli eu hunain yn y cymdeithasau maen nhw'n eu hastudio, er mwyn deall ac esbonio'n well sut y gallai eu tueddneu brofiadau personol effeithio ar eu gwaith. Ond mae modd i hunan-ethnograffeg fod yn fwy pwrpasol greadigol hefyd, ar ffurf hunangofiannau sy'n cyflwyno'r unigolyn a'r gymdeithas neu gymdeithasau y mae'n perthyn iddi neu iddynt. Yn hytrach na phortreadu unigolyn sy'n gytûn â'i gymdeithas ac yn tyfu'n organaidd â hi, mae'r *genre* yn datgelu'r tensiynau sy'n bodoli rhwng yr unigolyn a'r cymdeithasau yma. Fel y mae Amaleena Damlé a Gill Rye yn ei ddadlau: '[these texts] blur – but also reveal anxieties about – the boundaries between the public and the private'.[16] Ac yn ôl Deborah Reed-Danahay, mae'r *genre* yn arddel dealltwriaeth o'r hunan a'r gymdeithas fel endidau ôl-fodern, ôl-drefedigaethol, sy'n arddangos 'a multiplicity of identities ... and ... shifting axes of power'.[17] Iddi hi hefyd, 'the autoethnographer is a boundary crosser'.[18] Er nad yw'n deg dadlau bod hunan-ethnograffeg ynddo'i hun yn gweddu'n berffaith i nodau croestoriadaeth, gwelir yma sut y mae'r *genre* yn dod â nifer o themâu i'r amlwg sy'n greiddiol i ffyrdd croestoriadol o feddwl – hunaniaethau lluosog, amrywiaeth o ran grym, a chroesi ffiniau.

Ond hoffwn fynd gam ymhellach hefyd drwy ddadlau bod cyfrol Williams yn gwneud mwy na gosod yr unigolyn yn ei gyd-destun cymdeithasol. Trwy arbrofi â strwythur a ffurf, ac ymhél â'r themâu croestoriadol hyn, mae'n tynnu'r gorchudd oddi ar systemau pŵer y gymdeithas y mae'n perthyn iddi, ac yn darlunio'r lleoliadau y mae ganddi berthynas â hwy er mwyn dangos y cymhlethdodau sy'n ei hwynebu hi, ac yn ein hwynebu ni fel cymdeithas ehangach, wrth inni ddychmygu cymdeithas fwy cynhwysol, a dod i delerau â'n hanes amlochrog. Trwy ddadansoddi'r gyfrol yn ôl nodweddion *genre* hunan-ethnograffeg, gobeithiaf ddangos sut y mae *Sugar and Slate* yn amlygu rhai themâu croestoriadol, ac yn herio rhai ffyrdd o feddwl dylanwadol yn y diwylliant Cymreig, mewn modd sy'n berthnasol iawn i drafodaethau sy'n digwydd ar lawr gwlad mewn perthynas â hunaniaeth, y mudiad cenedlaethol, a hiliaeth ar hyn o bryd.

Mae'n briodol iawn, o ystyried rhai o brif ystyriaethau croestoriadaeth, fod *Sugar and Slate* yn dod i ben heb i Williams ddod i ddatrysiad pendant ynglŷn â'i pherthynas gymhleth â Chymru. Tua diwedd *Sugar and Slate*, wrth iddi drafod dychwelyd i Gymru wedi cyfnod yn byw yng ngwlad enedigol ei thad, Gaiana, gresyna Williams am yr hyn y mae hi'n ei galw'n 'poor old mixed up Wales, somehow as mixed up as I was'.[19] Serch hynny, ychydig dudalennau'n ddiweddarach, mae hi'n cydnabod mai cymhlethdodau Cymru yw'r hyn sy'n ei chysuro hi fwyaf am y wlad:

I know why it is that I like Wales. I like it because it is fragmented, because there is a loud bawling row raging, because its inner pain is coming to terms with its differences and divisions, because it realizes it can't hold on to the myth of sameness, past or present.[20]

Mae'r newid sydyn hwn yn ei hagwedd tuag at Gymru yn pwysleisio sut mae gwaith Williams yn defnyddio'i pherthynas â gwahanol leoedd i archwilio'r modd y mae hunaniaeth a pherthyn yn amodol ac yn newid yn gyson. Mae *Sugar and Slate* yn archwilio'n greadigol yr hyn y mae Williams wedi'i ddisgrifio o'r blaen fel ei phrofiad o ddod i delerau â'i hunaniaeth gymhleth ei hun: disgrifia'r broses honno fel, 'journeying', neu '"going away" or more exactly, breaking away from the dysfunctional and negating forces and conditions towards my own journey of "going home" or self realization, integrity and the process of indigenizing my identity'.[21] Mae adlais yma o waith Crenshaw sy'n dangos sut y mae rhai mathau o hunaniaethau grŵp yn 'frequently unable to meet the needs of certain putative members of the group'.[22] Wrth 'fynd ymaith' i Affrica a Gaiana, mae hunangofiant Williams yn gallu ail-ddychmygu Cymru fel 'cartref', lle mae'r gwahanol hunaniaethau sy'n bodoli yno yn rhoi gwell gyfle iddi dderbyn yr hyn mae hi'n ei alw'n 'my multiple points of identification'.[23] Adleisia hyn waith Crenshaw unwaith eto pan nododd nad oedd am i'w gwaith ymddangos fel 'a new, totalizing theory of identity'.[24]

Mae'r daith hon i ffwrdd ac yn ôl wedi'i hymgorffori yn strwythur *Sugar and Slate*. Mae'r naratif wedi'i rannu'n dair rhan. Mae pob rhan wedi'i henwi gyda lleoliad pwysig ym mywyd Williams: y rhan gyntaf yw 'Africa', lle bu ei thad, yr arlunydd Denis Williams, yn gweithio yn Nigeria a'r Swdan, a lle y treuliodd Charlotte ran sylweddol o'i phlentyndod; y rhan nesaf yw 'Guyana', lle y ganwyd ei thad, a'r lle y dychwelodd ef iddo tua diwedd ei oes, ynghyd â'r man aeth Williams a'i gŵr, Mal, i fyw iddo fel *'expats'*; 'Wales' yw'r rhan olaf, a gogledd Cymru yn bennaf, cartref ei mam, lle y treuliodd Charlotte Williams flynyddoedd hwyrach ei phlentyndod a'r rhan fwyaf o'i bywyd fel oedolyn, a'r lle y mae'n dychwelyd iddo ar ddiwedd y gyfrol ar ôl gadael Gaiana – yn wir, i Gymru y mae hi'n teithio wrth iddi adrodd stori ei bywyd cyfan, wrth iddi aros am yr awyren yn Nhrinidad. Ond nid yw teithiau Williams i'r gwahanol gyfnodau yma yn ei bywyd yn aros yn y mannau daearyddol penodol hyn. Yn adran 'Africa', mae Williams hefyd yn trafod digwyddiadau o'i phlentyndod yng Nghymru, mae adran 'Guyana' yn trafod profiadau eraill Williams yng Nghymru ac mewn mannau eraill yn y DU hefyd, ac mae'r adran 'Wales', yn mynd â ni yn ôl i Gaiana am sbel. Nid yw rhannau helaeth o bob adran felly yn trafod realiti materol y man y mae wedi'i henwi ar ei ôl, neu hyd yn oed brofiadau Williams yn y lle hwnnw. Yn hytrach, mae'r darllenydd yn ymwybodol o lefydd y mae Williams yn eu cofio, wrth iddi ail-ddychmygu eu gorffennol neu fyfyrio ynghylch eu dyfodol. Adleisia unwaith eto, felly, bwyslais croestoriadaeth ar hunaniaethau lluosog, a'r modd na ellir gwahanu effeithiau gwahanol elfennau'r hunaniaeth wrth ystyried profiad yr unigolyn neu'r grŵp. Mae hyn, yn ogystal â'r ffaith nad yw'r naratif yn dilyn treigl amser cronolegol, yn dadsefydlogi dealltwriaeth y darllenydd o diriogaethau a chyfnodau, ffiniau daearyddol ac amseryddol, a hunaniaeth a pherthyn – yn hynny o beth, felly, mae'n caniatáu i Williams fynegi teimlad o fodoli rhwng gwahanol leoedd ac amseroedd.

Mae *Sugar and Slate*, felly, yn peri inni edrych eto ar ddiffiniad Reed-Danahay o hunan-ethnograffeg fel *genre* sy'n gosod yr unigolyn yn ei gyd-destun cymdeithasol. Yn *Sugar and Slate*, mae Williams yn creu cyd-destun cymdeithasol newydd ar ei chyfer hi ei hun fel unigolyn cymysg ei hil. Gwna hyn er mwyn gweu profiad y gymuned ddu i hanes a chymdeithas Cymru, ac er mwyn datgelu presenoldeb Cymreig yn y lleoliadau rhyngwladol y mae hi'n teimlo cyswllt â nhw. Mae'r broses hon yn digwydd hefyd wrth iddi adrodd straeon am gysylltiadau hanesyddol Cymru, Affrica a Gaiana. Mae'n cofio am ddynion a menywod ifainc a ddaeth o Affrica i ogledd Cymru i hyfforddi'n genhadon Cristnogol, ac yn nodi cyfenwau Cymreig/Cymraeg nifer o bobl mae'n cwrdd â nhw yng Ngaiana. Mewn un rhan, tynn Williams sylw at y prosesau gwahanol a roes fod i Gaethfasnach yr Iwerydd, gan gynnwys y Chwyldro Diwydiannol yng Nghymru, er mwyn cysylltu tri lleoliad canolog y gyfrol:

> Perhaps the iron bar may have gone down in history as a simple fact of the industrial development of parts of Wales were it not for other world events [...] As the sugar industry grew in the Caribbean so did the need for manpower and this could only ever mean one thing – the evolution of a malignant trade. The African iron hunger was fed and strengthened by the trade in human beings [...] Only by trading their fellow man could the Africans acquire the iron they needed so badly [...] [I]n Wales in particular, the iron masters grew wealthier and wealthier, ploughing back the profits of spices and sugar and slaves to make more and more iron bars.[25]

Yn yr un modd ag y mae strwythur y gyfrol yn dadsefydlogi ffiniau daearyddol ac amseryddol, mae'r ffin rhwng ffaith a ffuglen yn cael ei chymylu yma, wrth i ffeithiau am y Gaethfasnach greu amwysedd pellach ynglŷn â phwy yw gormeswyr a dioddefwyr yr hanes hwn. Mae'r haearn a gynhyrchwyd yng Nghymru yn chwarae rôl allweddol wrth gipio a gormesu pobl Affrica a'u gwerthu'n gaethweision. O ganlyniad, mae'r syniad mai prif rôl y Cymry yn yr Ymerodraeth Brydeinig oedd fel cenhadon (sef un mae'r testun hefyd yn ei archwilio) yn cael ei gwestiynu. Ond mae'r sôn yma am feistri haearn yn dod yn fwyfwy cyfoethog yn un sy'n cael ei archwilio mewn man arall yn y testun hefyd wrth i Williams gyfeirio at Chwarel y Penrhyn, a bywydau truenus gweithwyr diwydiannol yng Nghymru a ddioddefodd wrth greu

'I suddenly felt very black and very Welsh'

ffortiwn i ddiwydianwyr Prydeinig.[26] Dylem oedi, wrth gwrs, rhag cyffelybu dioddefaint y Cymry a'r hyn a brofodd caethion, ond mae yma ymgais gan Williams i ystyried y posibilrwydd bod modd i bobl neu grwpiau o bobl ymddangos fel dioddefwyr mewn un cyd-destun a gormeswyr mewn cyd-destun arall. Mae hyn yn amlwg wrth iddi ddisgrifio sut y bu pobl Affrica yn masnachu eu cyd-ddyn, sy'n rhoi'r argraff bod y Cymry a'r Affricanwyr fel ei gilydd yn ddioddefwyr ac yn ormeswyr i wahanol raddau mewn gwahanol sefyllfaoedd. Mae'n bosibl y bydd dehongliad Williams o hanes Cymru yn y rhan hon yn synnu'r sawl sy'n gyfarwydd â'i gwaith academaidd. Fel un o'r ymchwilwyr cymdeithasegol mwyaf blaenllaw i faes amlddiwylliannedd yng Nghymru, mae Williams wedi gochel rhag ystyried Cymru'n wlad a ddioddefodd o ganlyniad i drefedigaethu yn yr un modd â rhai o diriogaethau mwy pell yr Ymerodraeth. Mae archwilio'r ffin felly rhwng ffaith a ffuglen a realiti a delwedd yn *Sugar and Slate* yn caniatáu iddi archwilio amwysedd safle Cymru yn yr Ymerodraeth Brydeinig gan roi sylw i'r cymlethdod sy'n codi wrth wneud hynny. Trwy wneud hyn, mae'n cymharu ei hunaniaeth fel Cymraes ac fel menyw ddu yn aml. Er enghraifft, wrth drafod y broses o baratoi i symud i Gaiana gyda'i gŵr a mynychu sesiwn hyfforddi sy'n llawn mudwyr gwyn, Seisnig, dywed Williams, 'I suddenly felt very black and very Welsh'.[27]

Mae defnyddio'r gair 'suddenly' yma yn awgrymu'r ffordd y mae modd i hunaniaeth newid yn ddibynnol ar y cyd-destun cymdeithasol, sut y mae modd i wahanol gyd-destunau ddod â gwahanol safbwyntiau neu rannau o'r hunaniaeth i'r golwg, neu beri i wahanol fath o ormes ddod i'r amlwg. Mae'n arddangos natur berthynol systemau grym, ys dywed syniadaeth groestoriadol. Mae strwythur hunangofiant Williams, yn symud fel y mae rhwng tri lleoliad, yn ei gwneud yn bosibl archwilio'r syniad hwn ymhellach. Mae teimladau cyferbyniol Williams o berthyn a dieithrwch yn y lleoliadau hyn yn ganolog i ymgais

Sugar and Slate i archwilio hybridedd a thensiynau diwylliannol, sydd ynddi'i hun yn nodwedd amlwg mewn testunau hunanethnograffeg. Ceir enghraifft effeithiol o hyn wrth i Williams ddisgrifio canlyniadau damwain car y bu hi ynddi yng Ngaiana. Er iddi yrru yn ôl yr arwyddion ffordd yn ei barn hi, mae ei diffyg gwybodaeth am yr ardal leol yn golygu ei bod hi'n anymwybodol o un rheol bwysig: 'EVERYBODY knows you must give way at the end of David Street'.[28] Wrth iddi gael stŵr am achosi'r ddamwain rhwng ei Land Rover a bws mini, mae swyddog yr heddlu sy'n dod i leoliad y ddamwain yn gofyn cwestiynau i Williams am ei hil a'i threftadaeth gymysg, gan beri iddi sylweddoli bod y cefndir cymysg hwnnw yn fanteisiol ac yn anfanteisiol ar yr un pryd:

> this mix denoted the 'superior' union of black with white. This status meant most definitely that I would offer paternalistically to pay for all damage, that the minibus driver would concede, but that the black sergeant would find as many ways as he could to remind me that this was now a black people's country and I shouldn't dare assume any of those colonial privileges.[29]

Mae'r 'shifting axes of power' sy'n ganolog i straeon hunanethnograffaidd yn ôl Reed-Danahay, ac sy'n berthnasol i faes croestoriadaeth hefyd, yn amlwg yma. Mae cymdeithas balimpsestaidd Gaiana, sy'n adlewyrchu haenau cyfrol Williams ei hun, yn datgelu ffordd y mae grym wedi'i drosglwyddo o un grŵp i'r llall dros amser, yn yr un modd ag y mae hunaniaeth Williams yn newid wrth deithio ac oherwydd treigl amser. Mae'r breiniau trefedigaethol y gallai Williams eu hawlio oherwydd ei chefndir gwyn hefyd yn cael eu dwyn ymaith yn yr olygfa hon wrth i'w llais gael ei ormesu gan adlais geiriau'r sarjant du.

Mae'r newidiadau hyn yn cael eu pwysleisio ymhellach yn y modd mae *Sugar and Slate* yn defnyddio haenau o ryddiaith a barddoniaeth i adrodd hanes Williams. Yn ogystal â chynnwys cerddi, caneuon ac emynau gan eraill, mae Williams yn cynnwys cerddi o'i heiddio'i hun sy'n cydweithio â'i rhyddiaith mewn ffyrdd diddorol. Enghraifft o hyn yw'r gerdd 'On Bar Beach – Lagos, 1966' sy'n ymddangos yn adran 'Africa' ar ddiwedd rhan o'r enw 'Afternoon Dreaming'. Nid ar hap a damwain y mae'r ddau ddarn yma yn cyfeirio at ofodau neu sefyllfaoedd *liminal*, ar y ffin – rhwng môr a thir, rhwng cwsg ac effro. Mae'r rhyddiaith a ddaw cyn y gerdd yn darlunio delwedd heddychlon o rieni Williams yn cysgu, ac mae hi'n eu dychmygu wedi'u huno wrth frwydro dros gydnabyddiaeth iddyn nhw eu hunain ac i'w teulu cymysg ei hil. Mae'r gerdd, ar y llaw arall, yn datblygu ymdeimlad ag anghydfod, gan gyrraedd penllanw gwirioneddol a throsiadol sy'n gweld tensiwn amlwg rhwng y fam a'r tad, Katie Alice a Denis. Egyr y gerdd gyda'r fam bron â boddi yn y môr, wrth i don ei chario hi ymhell o'r tir. Mae hyn efallai yn awgrym o'r cysylltiadau 'traws-Iwerydd' rhwng Affrica, Gaiana a Chymru sy'n bygwth boddi Charlotte ar lefel symbolaidd neu seicolegol. Mae thema dadleoli neu deithio i fydoedd gwahanol i'w gweld yma eto, wrth i'r gerdd gyfeirio at 'Ajantala', cymeriad hud a lledrith ym mytholeg Affrica, ac 'Arawn', brenin Annwfn sy'n cyfnewid ei le a'i wedd â Phwyll Pendefig Dyfed yng Nghainc Gyntaf y Mabinogi.[30] Wrth i'r fam gyrraedd y lan eto, mae hi'n grac – 'she is angry, cross with Denis' – a'r cyfan a wna Denis yw chwerthin ar ei dicter hi a'r ofn y mae'r ferch wedi'i brofi.[31] Yn wahanol iawn i'r ddelwedd o undod rhwng y ddau yn y darn blaenorol, mae'r tensiwn rhyngddyn nhw oherwydd y digwyddiad, ac oherwydd eu gwahaniaethau diwylliannol, yn cael ei bwysleisio gan y gair 'cross'. O ddarllen y ddau ddarn yma ochr yn ochr felly, daw i'r amlwg bod Williams yn teimlo ei bod hi wedi'i hamddiffyn gan ba mor benderfynol yw ei rhieni i sicrhau ei bod hi a'i chwiorydd yn cael eu derbyn, ond mae'n teimlo ei bod hi wedi'i dieithrio hefyd gan y gwahaniaethau rhwng ei rhieni sy'n croestorri ynddi hi ei hun.

Mae'r gyfeiriadaeth lenyddol a mytholegol yn 'On Bar Beach – Lagos 1966' yn arwydd o'r modd y mae *Sugar and Slate* yn tynnu ar ddylanwadau o wahanol ddiwylliannau llenyddol. Mae perthynas y gyfrol â'r traddodiad Cymraeg a Chymreig yn un ddiddorol i'w hystyried, os meddyliwn am y modd y mae'n arbrofi ag ysgrifennu bywyd ac ethnograffeg. Gwn fod Saunders Lewis, er enghraifft, wedi enwi'r cofiant fel ffurf lenyddol bwysicaf y bedwaredd ganrif ar bymtheg, ac roedd nifer o'r cofiannau hynny, wrth gwrs, yn adrodd hanes bywyd pregethwyr.[32] Mae un o'r straeon cyntaf y mae *Sugar and Slate* yn eu hadrodd yn un am gennad Cristnogol o Gymru a aeth i Affrica i recriwtio dynion a menywod du i ddod i Gymru i hyfforddi'n bregethwyr. Gwn hefyd fod cofiannau a hunangofiannau wedi parhau yn boblogaidd yng Nghymru ar hyd yr ugeinfed ganrif, a hyd heddiw, er bod llai o ganolbwyntio ar bregethwyr erbyn hyn efallai. Ac yn wir, mae'n bosib dadlau bod gan rai o hunangofiannau enwocaf y ganrif ddiwethaf naws ethnograffaidd hefyd. Dywed Katie Gramich fod cyfrolau fel *Y Lôn Wen* gan Kate Roberts a *Hen Dŷ Ffarm* gan D. J. Williams yn cyflwyno 'the life of the whole "square mile"; indeed, that of a whole culture, chronicling its peculiarities as much as those of the chronicler'.[33] Mae defnydd Williams o hunan-ethnograffeg felly yn tynnu ar y traddodiad llenyddol Cymreig a Chymraeg ehangach drwy ei addasu i'w dibenion hi'i hun.

Mae *Sugar and Slate* hefyd yn herio traddodiad yr hunangofiant yn gyffredinol. Dywedodd y beirniad Georges Gusdorf 'Autobiography ... requires a man to take a distance with regard to himself in order to constitute himself in the focus of his special unity and identity across time'.[34] Mae gwaith Williams yn perthyn i'r corff helaeth o waith creadigol a beirniadol sy'n bodoli bellach sy'n herio nid yn unig natur ddyn-ganolog y dyfyniad hwnnw, ond hefyd y syniad bod yr hunangofiant yn ddarn o waith â llinyn storïol sy'n olrhain prifiant yr unigolyn wrth iddyn nhw ddod i adnabod eu hunain yn gyflawn. Wrth gwrs, mae *Sugar and Slate*

'I suddenly felt very black and very Welsh'

yn olrhain datblygiad personol Williams, ond o'r dechrau mae hi'n cyfaddef bod ei hymgais i ddod i'w hadnabod ei hun yn llawn yn rhwym o fethu. Dywed yn rhagair y gyfrol: 'It's a truism that those who go searching for their roots often learn more about the heritage they set aside than the one they seek.'[35] Mae'r syniad hwn o beidio byth â chanfod yr hyn rydych chi'n chwilio amdano yn dod i'r amlwg yng ngolygfeydd olaf y gyfrol, lle mae Williams yn eistedd ar awyren, sy'n arwydd o'i hanallu i glymu ei hun i un man. Er ei bod hi'n teithio i Gymru, Gaiana sydd ar ei meddwl:

> I want to experience the smell of fermenting cane again. I want to sit and chat with Gwen Llewelyn and Barry Cadwalladar and get to the bottom of my puzzle about their names. I want to keep making the links that make home. I want to swim brown skin in the brown waters of the rivers and tributaries that cross Guyana ... And I want to tell Ruby all about it.'[36]

Mae ailadrodd 'I want' yma yn awgrymu nad yw hi wedi cyflawni ei chwest. Mae'r ffaith bod ei dyheadau yn ymwneud â Gaiana ar yr olwg gyntaf yn awgrymu ei bod hi'n dal i drio meddwl am fan geni ei thad fel ei chartref go iawn. Ond mae'r olygfa hon, ac felly'r gyfrol ei hun, yn gorffen â'r geiriau 'I want to tell Ruby [ei hwyres] all about it'. Mae yma obaith i Gymru, a dyfodol Williams a'i theulu yng Nghymru. Mae'r ddelwedd o drosglwyddo'r straeon hyn am Gymru, Affrica a Gaiana o genhedlaeth i genhedlaeth yn arwydd pellach o natur ddiddiwedd neu ddiderfyn y stori y mae Williams yn ei hadrodd. Ac mae yma hefyd y gobaith o lunio hunaniaethau a chymunedau Cymru'r dyfodol heb ddibynnu ar un diffiniad sefydlog o hunaniaeth genedlaethol.

Mae dyhead Charlotte Williams ar ddiwedd *Sugar and Slate* i rannu ei chanfyddiadau newydd o Gymru â'i hwyres yn golygu fod gan waddol ei gwaith creadigol dipyn yn gyffredin â gwaddol ei chyfraniad diweddaraf i'r drafodaeth i hanes y

Gymru ddu, sef ei hadroddiad ar y modd y caiff hanes pobl ddu a lleiafrifoedd ethnig ei ddysgu yn ysgolion Cymru, a'r newidiadau i'r cwricwlwm sydd wedi'u cynllunio yn ei sgil. Y gobaith yw y bydd y newidiadau hyn nid yn unig yn cyfrannu at greu cenedl fwy cynhwysol wrth i genedlaethau o blant Cymru ddysgu am gyfraniad gwahanol gymunedau i'w hanes, ond y byddant yn effeithio ar ein dealltwriaeth o hanes ar lefel strwythurol, o ran beth sy'n cael ei addysgu a sut. Os ydym am weld hyn, byddai arddel ymagwedd groestoriadol tuag at hanes Cymru yn un i'w chroesawu, gan dynnu'r gorchudd oddi ar lanw a thrai'r grymoedd sy'n dylanwadu ar ein dealltwriaeth o'n hunaniaeth, fel Charlotte Williams ar y traeth yn Lagos.

Nodiadau

[1] Ken Goodwin, 'Celtic Nationalism and Postcoloniality', yn Stuart Murray ac Alan Riach (goln), *SPAN: Journal of the South Pacific Association for Commonwealth Literature and Language Studies*, 4 (October 1995), t. 23.

[2] Kirsti Bohata, *Postcolonialism Revisited* (Cardiff: University of Wales Press, 2004), t. 4.

[3] Gweler, er enghraifft, Jane Aaron, 'Postcolonial Change', *New Welsh Review*, 67 (Spring 2005), tt. 32–6, Bohata, *Postcolonialism Revisited*, a Katie Gramich, 'Cymru or Wales?: Explorations in a Divided Sensibility', yn Susan Bassnett (gol.), *Studying British Cultures* (London and New York: Routledge, 1997), tt. 97–112.

[4] Dai Smith, 'Psycho-colonialism', *New Welsh Review*, 66 (Winter 2004), tt. 22–9.

[5] Frances Perraudin, 'UK should compensate Wales for "reducing it to poverty" – Plaid Cymru', *The Guardian*, 3 Hydref 2019 (ar-lein). Ar gael: https://www.theguardian.com/uk-news/2019/oct/03/uk-should-compensate-wales-for-reducing-it-to-poverty-plaid-cymru [cyrchwyd 15 Hydref 2021].

[6] Patricia Hill Collins a Valerie Chepp, 'Intersectionality' yn Georgina Waylen, Karen Celis, Johanna Kantola, a S. Laurel Weldon (goln), *The Oxford Handbook of Gender and Politics* (Oxford: Oxford University Press, 2013), tt. 57-87 (t. 59).

[7] Brittany Cooper, 'Intersectionality' yn Lisa Disch a Mary Hawkesworth (goln), *The Oxford Handbook of Feminist Theory* (Oxford: Oxford University Press, 2016), tt. 385-406 (t. 390).

[8] Cooper, 'Intersectionality', t. 392.

9. Collins a Chepp, 'Intersectionality', tt. 59-60.
10. Ibid., t. 60.
11. Ibid., tt. 60–1.
12. Ibid., tt. 61–2.
13. Ibid., t. 62.
14. Am archwiliad pellach o'r agwedd hon ar waith Charlotte Williams, gweler Lisa Sheppard, 'Autoethnography in Post-British Literatures: A Comparative Reading of Charlotte Williams and Jackie Kay', yn Hywel Dix (gol.), *Autofiction in English* (London: Palgrave Macmillan, 2018), tt. 87–103.
15. Deborah E. Reed-Danahay, *Auto/Ethnography: Writing the Self and the Social* (New York: Berg, 1997), t. 9.
16. Amaleena Damlé a Gill Rye (gol.), *Women's Writing in Twenty-First-Century France: Life as Literature* (Cardiff: University of Wales Press), t. 13.
17. Reed-Danahay, *Auto/Ethnography*, t. 2.
18. Ibid., t. 3.
19. Charlotte Williams, *Sugar and Slate* (Aberystwyth: Planet, 2002), t. 169.
20. Ibid., t. 191.
21. Charlotte Williams, '"I Going away, I Going home": Mixed-"Race", Movement and Identity', yn Lynne Pearce (gol.), *Devolving Identities: Feminist Readings in Home and Belonging* (Aldershot: Ashgate, 2000), tt. 179–95 (tt. 179–80).
22. Cooper, 'Intersectionality', t. 390.
23. Williams, '"I Going away, I Going home"', t. 180.
24. Kimberlé Williams Crenshaw, 'Mapping the Margins: Intersectionality, Identity Politics, and Violence against Women of Colour', *Stanford Law Review* 43, no.6 (1991), tt. 1241–1299 (1244).
25. Williams, *Sugar and Slate*, tt.91–2.
26. Ibid., t. 175.
27. Ibid., t. 103.
28. Ibid., t. 135.
29. Ibid., t. 135.
30. Ibid., t. 24.
31. Ibid.
32. Gweler Saunders Lewis, *Meistri'r Canrifoedd: Ysgrifau ar Hanes Llenyddiaeth Gymraeg*, ail argraffiad, gol. R. Geraint Gruffydd (Caerdydd: Gwasg Prifysgol Cymru, 1982).
33. Katie Gramich, 'Writing Lives', *Books in Wales*, 1 (1997), t. 3.
34. Georges Gusdorf, wedi'i ddyfynnu yn James Olney, *Autobiography: Essays Theoretical and Critical* (Princeton: Princeton University Press, 1980), t. 35.
35. Williams, *Sugar and Slate*, d. t.
36. Ibid., tt. 191–92.

Pobloedd Etholedig: y Cymry, yr Iddewon a'r Wladwriaeth yng ngwaith Emyr Humphreys

Daniel G. Williams

I

'MAE'N ANGENRHEIDIOL EIN BOD yn gwrthod popeth i'r Iddewon fel cenedl, ond yn caniatáu popeth iddynt fel unigolion'. Dyna eiriau'r CowNt Stanislas de Clermont-Tonnerre yn 1789 yn ystod dadl yn yr *Assemblée Nationale* ynghylch hawliau Iddewon Ffrainc o fewn y wladwriaeth newydd a goleddai *liberté, égalité, fraternité*.[1] Er mwyn cael eu derbyn yn ddinasyddion rhydd, y disgwyl oedd i'r Iddewon ymwrthod â'u hunaniaeth fel pobl neilltuol. Nid yr Iddewon oedd yr unig genedl i wynebu sefyllfa lle dibynnai eu *liberté* ar eu parodrwydd i ymwrthod â'u harferion neilltuol a chymhathu yn ieithyddol ac yn grefyddol â diwylliannau'r gwladwriaethau a ymffurfiai o'u cwmpas. Yn drwm dan ddylanwad ei ymweliadau ag ysgolion Ffrainc yn 1859, cyflwynodd y bardd a'r awdur Saesneg, Matthew Arnold, achos debyg mewn perthyas â Cheltiaid Ynysoedd Prydain.[2] Yn ôl dadansoddiad yr awdur, a phrif destun yr ysgrif hon, Emyr Humphreys (1919–2020), Arnold oedd un o brif ladmeryddion y wladwriaeth a gallu'r wladwriaeth honno i esgor ar gymdeithas unedig ym Mhrydain oes Victoria:

As an Inspector of Schools it was part of his duty to be aware of any hidden threat to the uniformity of the state. He was as much devoted as his father had been to the concept of the state as a God-ordained, mystical and sacred entity. From Hegel they derived that notable Teutonic ideal that states and the laws of states were nothing less than religion manifesting itself in the relations of the actual world. 'The fusion of all the inhabitants of these islands into one homogenous, English-speaking whole [...] the swallowing up of separate provincial nationalities, is a consummation towards which the natural course of things irresistibly tends'. Arnold's elevation of the concept of culture can be interpreted as an attempt to extend a Hegelian reverence for the state. This would account for his implacable hostility to the Welsh language on the one hand and his eagerness on the other to make Celtic magic easily accessible to the enrichment of English civilization.[3]

Mae yna sawl trywydd y gellir eu dilyn o fewn y dyfyniad yma. Fe wnaf ymhelaethu ar dri ohonynt yn yr hyn sydd yn dilyn: y diffiniad Hegelaidd o hanes a goleddir gan Arnold; gwreiddiau'r diffiniad hwnnw o hanes mewn Cristnogaeth; a chanlyniadau'r gred fod treigl hanes yn arwain at greu gwladwriaethau sydd yn ymgnawdoliad o ddyhead Duw. Mae'r tri thrywydd yn gysylltiedig â'i gilydd ac, fel y byddaf yn ei ddadlau, mae canlyniadau creu gwladwriaethau grymus ac ystyried eu bod yn gynnyrch terfynol y 'meddwl absoliwt' neu 'Dduw' ar waith yn y byd, yn drychinebus i leiafrifoedd di-wladwriaeth. Pwrpas yr ysgrif yw archwilio seiliau syniadaethol y berthynas rhwng cenedl a gwladwriaeth yng ngwaith yr awdur Emyr Humphreys, a hynny, yn ei dro, yn sail ar gyfer deall y rhesymau dros y gymhariaeth fynych rhwng y Cymry a'r Iddewon yn ei nofelau a'i ysgrifau.

II

Yn gyntaf, ac yn arbennig o addas mewn cyfrol deyrged i E. Gwynn Matthews, mae Emyr Humphreys yn tynnu'n sylw at ddylanwad Georg Wilhelm Friedrich Hegel ar syniadaeth Matthew Arnold. Ymgnawdoliad materol o'r *Geist* yw'r wladwriaeth i Hegel, mynegiant o'r 'meddwl' neu'r 'ysbryd cyffredinol' ar ffurf strwythur llywodraethol. Un o nodweddion ein hoes ôl-fodern yw amau unrhyw athroniaeth 'gyffredinol' am ein bod oll yn gweld y byd o safle neilltuol, ac mae Shlomo Avineri, ymysg eraill, wedi tynnu sylw at yr elfen siofenistaidd yn mhortread Hegel o'r wladwriaeth.[4] Noda Avineri mai gwladwriaeth yr Almaen sydd gan Hegel mewn golwg er ei fod yn awgrymu mai dyma'r ffurf weinyddol y dylid ei mabwysiadu gan y ddynoliaeth oll. Mae'n werth nodi, serch hynny, nad oes gan Hegel fawr o ddiddordeb mewn treftadaeth nac mewn unrhyw ramantu am 'y glendid a fu', neu mewn 'hen ieithoedd diflanedig'.[5] Fel y noda Gwynn Matthews wrth grynhoi syniadaeth yr Hegelydd o Gymro, Henry Jones,

> [e]r mai 'cynnyrch araf yr oesoedd' yw'r wladwriaeth ymron ymhob achos, nid ar gyfrif ei hynafiaeth yr haedda barch yn bennaf, ond fel uchafbwynt datblygiad ysbryd.[6]

Tuedda Hegel i fawrygu'r presennol ar draul y gorffennol gan weld olwynion hanes yn troi yn unol â rhesymeg y *Geist* yn y byd, gan arwain at ryddid cynyddol dyn a chymdeithas. Er i Henry Jones gredu fod dyfodol i 'genedl' neilltuol y Cymry o fewn strwythur y 'wladwriaeth' Brydeinig, yn gyffredinol, tueddai'r dadansoddiad Hegelaidd arwain at y gred mai rhai cenhedloedd a fyddai'n ymffurfio'n wladwriaethau gan gymhathu'r bobloedd llai grymus a fyddai'n diflannu oddi ar lwyfan hanes. 'Hanes', felly, yw hanes gwladwriaethau, ac o'r perspectif Hegelaidd yma, fel y nododd Jean-Paul Sartre mewn cyfweliad â Benny Lévy, gellir synio am leiafrifoedd fel pobl 'heb hanes':

> Sartre: When I said that there is not any Jewish history, I was thinking of history in a well-defined form: the history of Germany,

the history of America, of the United States. That is, the history of a sovereign, political reality with a homeland and with other similar states. When one should have thought of history as being something else, if one meant that there is a Jewish history. It was necessary to conceive of Jewish history not only as a dissemination of Jews throughout the world, but also as the unity of the diaspora, the unity of the dispersed Jews.

Lévy: In other words, the history that Hegel put on the landscape wanted to get rid of the Jew, and it is the Jew who will allow us to get out of this history that Hegel wanted to impose on us.

Sartre: Absolutely.[7]

Cyflwynir dadl debyg gan yr athronydd, Emmanuel Levinas, pan noda fod yr Iddewon wedi gorfod byw am dros ddwy fil o flynyddoedd 'y tu fas i hanes'. Credai yntau mai'r unig ffordd i leiafrif dderbyn mynediad i lif yr hanes hwn fyddai iddo greu gwladwriaeth ei hun, ac fe gefnogodd Seioniaeth, a chreu gwladwriaeth Israel ar y sail yma.[8] Awgrym Sartre uchod, ar y llaw arall, yw bod hanes y Diaspora Iddewig yn sail ar gyfer diffiniad amgen o hanes; hanes pobloedd yr ymylon sydd yn eu rhyddhau o hanes sydd wedi ei seilio ar y gwladwriaethau grymus.

Fe ddychwelaf at awgrym Sartre wrth gloi. Yr hyn yr ydw i am ei bwysleiso yma yw ymwybyddiaeth Emyr Humphreys o rym y wladwriaeth, yn arbennig, felly, mewn perthynas â'r awydd i greu diwylliant cyffredin a feddai'r gallu i uno dinasyddion y genedl-wladwriaeth. 'Arnold's elevation of the concept of culture can be interpreted as an attempt to extend a Hegelian reverence for the state', meddai Humphreys uchod. Yn ei *On the Study of Celtic Literature*, dadleuodd Arnold mai rôl hanesyddol y cyrion Celtaidd fyddai cyfrannu eu hawen farddonol, eu hanian fenywaidd, a'u gwerthfawrogiad o fyd natur at greu diwylliant cyffredin ym Mhrydain, gan liniaru rhywfaint ar anian wyddonol, ffilistiaeth ddiwydiannol ac ymarferoldeb di-ddychymyg, ond hynod lwyddiannus y Sacsoniaid, yn y broses. Cymysgu achau'r Celtiaid, y Normaniaid a'r Sacsoniaid i greu'r Sais hybrid fyddai'r modd o wireddu hyn yn feiolegol, ac astudio llenyddiaeth Geltaidd fel rhan o orffennol Prydain fyddai'r peth addas i'w wneud yn ddiwylliannol. Doedd dim dyfodol i'r bobloedd Celtiadd fel cenhedloedd ar wahân. Eu ffawd oedd ymadael â llwyfan hanes. Fel y nododd Arnold, mewn brawddeg a ddyfynnir yn fynych gan Emyr Humphreys, 'The sooner the Welsh language disappears [...] the better for England, the better for Wales itself'.[9]

Nid yw'n syndod felly mai grym gormesol ac estron yw'r wladwriaeth yn nofelau Emyr Humphreys.[10] '[I]n all states authority ultimately rests on the ability to mobilize maximum violence', medd Dr Hudson yn y stori fer, 'The Hero', neges sy'n cael ei hamenio gan John Cilydd yn *Bonds of Attachment*.[11] Drwy'r cyfryngau ac addysg, yn hytrach na thrais, y mae grym y wladwriaeth Brydeinig yn cael ei weithredu yng Nghymru, serch hynny, ac yn cael ei gyflwyno felly yn ffuglen Emyr Humphreys. Bwriad Annie, cynhyrchydd teledu o dras Iddewig yn y nofel, *Jones*, er enghraifft, yw creu:

> A series of half-hour films on careers for young people, in every major European language. And this is where you come in. On the practical side. Education for life. Education for career. Educating Jones. Do you see what I'm getting at?[12]

Mae'n swnio'n brosiect addawol, ond sylwer mai 'major languages' yn unig yw'r pwnc dan sylw, â'r ffocws ar addysg ar gyfer gyrfa. Canlyniad yr addysg a dderbyniodd y prif gymeriad, Goronwy Jones, yn blentyn oedd iddo ymwrthod â'i gefndir Cymraeg a chymhathu i Seisnigrwydd Llundain. Yn y nofel *Flesh and Blood*, dymuna'r fonheddwraig, Mrs Vanstrack, helpu Amy Parry a'i theulu drwy dalu am addysg iddi mewn ysgol fonedd: 'it would get rid of her Welsh accent. She'd be living and talking with well-bred girls all day long and she's the kind of girl that would pick it up in no time'.[13] Â Mrs Vanstrack yn ei blaen:

> [T]he religious training at Talbot Manor Collegiate is in accordance with the principles of the Church of England, but girls of other denominations are accepted. I believe they even have had Jewish girls, although I wouldn't swear to that. I think I'm quoting there, word for word, from the prospectus.[14]

Mae gallu'r ysgol i gymhathu'r disgyblion i werthoedd Eglwys Loegr yn cael ei enghreifftio drwy gyfeirio at Iddewes. Tynnu pobloedd ymylol y wladwriaeth i mewn i'r diwyllaint cyffredin yw bwriad yr addysg yma, yn unol â gweledigaeth Matthew Arnold. Mewn golygfa rymus, mae tad maeth Amy, Lucas Parry, yn gwrthod derbyn cynnig Mrs Vanstrack gan awgrymu fod rhai gwerthoedd yn uwch nag addysg:

> Lucas was tapping his chest. 'Here', he said. 'This is where it's important. In the heart. In the soul. [...] In the chapel and in the home,' he said. 'That's what we mean when we say "Welsh". And how can you replace that?'[15]

Noda'r beirniad craff, Charlotte Jackson, fod y weithred yma o eiddo Lucas Parry yn cael ei hatseinio yn nes ymlaen yn y dilyniant gan Morfydd Ferrario.[16] Yn *Bonds of Attachment*, mae'r Gymraes a briododd garcharor rhyfel o'r Eidal yn nodi fod twf ymwybyddiaeth wleidyddol yn cael ei lesteirio gan 'the power of an alien state [that] monopolises the mass media'.[17] Noda fod pobl ifanc yn ymwybodol o hyn: '"They feel it here". Mrs Ferrario pressed a clenched fist against her heart'. Yn wyneb grym y wladwriaeth, rhaid troi at werthoedd sydd y tu hwnt i iaith, y tu hwnt i'r meddwl rhesymegol. Yn y galon neu'r enaid, mae gwerthoedd amgen i'w canfod, ac awgryma Humphreys mai trwy ystum yn hytrach nag iaith y mae mynegi hynny. Dyma ffurf ar 'drefedigaethedd mewnol', ychydig yn wahanol i'r hyn a awgrymwyd gan y cymdeithasegydd, Michael Hechter, yn ei gyfrol ar y 'cyrion Celtaidd'.[18] Yn wir, mae'n ymdebygu i ddywediad yr Oleuedigaeth Iddewig (*Haskalah*), 'Bydd yn Iddew gartref ac yn ddyn tu fas'.[19] Yng ngwaith Emyr Humphreys, wrth i gymdeithas ymseisnigo, mae parhâd y diwylliant lleiafrifol yn symud i'r peuoedd hynny sydd â'r gallu i wrthsefyll rheolaeth y wladwriaeth; y galon neu'r enaid yn symbolaidd, a'r cartref a'r capel yn y byd real. Medd y cenedlaetholwr o bregethwr, Val Gwyn, yn *Bonds of Attachment*, 'for us [y Cymry] the church [Anghydffurfiol] is native, but the state is alien. We have no control over the state'. Dyma, fe ymddengys, farn Emyr Humphreys hefyd.[20]

III

Mae'r berthynas hon rhwng y wladwriaeth a chrefydd – sy'n cael ei mynegi mewn termau tra gwahanol gan Mrs Vanstrack a Val Gwyn uchod – yn fy arwain at yr ail agwedd yn y dyfyniad agoriadol yr ydw i am ymhelaethu arni. Os mai camp Matthew Arnold fu cyplysu 'the concept of culture' gyda 'Hegelian reverence for the state', yr hyn a oedd yn allweddol yn y cyplysiad hwnnw oedd y syniad fod diwylliant Lloegr, fel y wladwriaeth Hegelaidd, yn un cyffredinol, ar gael i'r ddynoliaeth oll. Wrth i'r Wladwriaeth Brydeinig annog unffurfiaeth ddiwylliannol, Saesneg fyddai iaith y dyfodol, â'r ieithoedd Celtaidd yn ffosiliau i'w hastudio mewn amgueddfeydd neu adrannau Celtaidd.

Gellir gweld patrwm syniadaethol tebyg yn hanes cynnar Cristnogaeth. Crefydd genedlaethol yn perthyn i bobl neilltuol oedd Iddewiaeth, tra oedd Cristnogaeth (o ran egwyddor, beth bynnag) yn agored i bawb. Yn y *Tanakh*, neu'r Hen Destament, yr Hebreaid yw pobl etholedig Duw ac mae geiriau a gweithredoedd *Yahweh* yn berthnasol iddyn nhw yn benodol. Yn y Testament Newydd, ar y llaw arall, mae'r Efengyl yn cael ei hehangu, â'r ddynoliaeth gyfan yn cael ei chofleidio gan Dduw. I Sant Paul, lladmerydd mwyaf dylanwadol y gyffredinolaeth hon, '[n]id oes rhagor rhwng Iddewon a Groegiaid, rhwng caeth a rhydd, rhwng gwryw a benyw, oherwydd un person ydych chwi oll yng Nghrist Iesu' (Galatiaid 3:28).[21]

Yn nofel Emyr Humphreys, *The Anchor Tree*, y gyffredinolaeth Gristnogol hon fu'r sail ar gyfer creu gwladfa iwtopaidd, 'Cambria Nova', gan yr Anghydffurfiwr radicalaidd, Robert Morgan Reece. Roedd Reece – sy'n gyfuniad ffuglennol o rai o radicaliaid Anghydffurfiaeth Gymreig fel Richard Price a Morgan John Rhys – yn lladmerydd 'Negro Emancipation, Indian Rights, Religious Liberty'.[22] Ond a yw'r syniad ein bod 'oll yn un' yng Nghrist yn cynnig gwrthsafiad digon grymus i rymoedd cyfalafol ac ymerodraethol? Oni ellir dadlau bod rhesymeg cyffredinoliaeth Gristnogol yn atgyfnerthu tuedd cyfalaf i chwalu ffiniau a thoddi, fel y noda Marx, unrhyw rwystr i'w ymestyniad?[23] Yn *The Anchor Tree*, darn o dir sy'n dwyn yr enw 'Bootlick' yw Cambria Nova erbyn heddiw, ac mae'r ffaith i gerrig hen gapel y dreflan gael eu defnyddio i adeiladu carchar y dalaeth yn enghreifftio cymhathiad y Cymry a'u Hanghydffurfiaeth i'r diwylliant dominyddol.[24] Ymddengys mai amwys yw barn Emyr Humphreys am gyffredinoliaeth Gristnogol, felly. Yn y dilyniant o saith nofel, 'The Land of the Living', Tasker Thomas – un o'r amryw bregethwyr rhyddfrydol, tra aneffeithiol, yn nofelau Humphreys – sydd yn adrodd ei fersiwn o'r dyfyniad ynghylch cyffredinoliaeth yn llythyr Paul at y Galatiaid, ac fe wna hynny fel pe na bai wedi sylwi fod cyfalafiaeth ryngwladol eisoes yn creu byd di-ffiniau:

> They want us to believe that our old Europe is completely submerged in capitalistic greed and nationalistic hatreds. When I say 'they' I mean those powerful men who worship the idols of power and greed, the golden calves of profit and imperialistic power! What have we to offer? Nothing less than a world

'where there shall be neither Greek nor Jew, circumcision nor uncircumcision, Barbarian, Scythian, bond nor free, capital nor labour: but Christ, Christ is all in all.'[25]

Hwyrach ei fod yn arwyddocaol mai ar ynys (wedi ei seilio ar Ynys Enlli) y mae Tasker Thomas yn adrodd y llinellau uchod o lythyr Paul at y Galatiaid, oherwydd os oes cyffredinoliaeth i fod yng ngwaith Humphreys, yna ym mychanfydoedd neu ynysoedd diwylliannau penodol, is-wladwriaethol, y mae i'w chanfod. 'For a world of strife', medd Humphreys yn un o'i ysgrifau, 'the cellular structure of the *broydd* is in the long run the most stubborn form of resistance and a defence in depth'.[26]

Ond fel y mae cyfeiriad Humphreys at 'Indian Rights' yn y dyfyniad uchod o *The Anchor Tree* yn awgrymu, ac fel y mae'r beirniad, Marc Shell, ac eraill wedi nodi, os bu cyffredinoliaeth yn arf mewn brwydrau gwrth-hiliol, gall hefyd fod yn frawychus o anoddefgar.[27] Os ydym i fod 'oll yn un', beth am y rheiny – yn gymunedau ac yn unigolion – nad ydynt am fod yn rhan o'r 'un'? Wrth arddel cyffredinolrwydd wedi ei seilio ar unffurfiaeth, gellir dadlau i Sant Paul roi cychwyn ar ffurfiau o anoddefgarwch enbyd. Mae hyn yn fy arwain at y trydydd pwynt i ymhelaethu arno, oherwydd pan fo cyffredinoliaeth Gristnogol yn cael ei chyplysu â grym gwladwriaethol – 'that states and the laws of states were nothing less than religion manifesting itself in the relations of the actual world', fel dywed Emyr Humphreys wrth ymateb i syniadaeth Hegel – yna gall pethau edrych yn dywyll i 'fröydd' neilltuol ac i'r rhai sy'n ymwrthod â'r 'un'; sy'n parhau i ddilyn cyfraith Lefiticus ac yn cael eu henwaedu, dyweder, neu sy'n parhau i siarad iaith leiafrifol.[28]

Fel sydd wedi ei nodi gan y Parchedig Vivian Jones a'r beirniad Affro-Americanaidd, Cornel West, am dair canrif gyntaf ei bodolaeth, lleiafrif anghyfreithlon oedd Cristnogion a fyddai'n cwrdd yn ddirgel mewn tai neu ogofâu. Ond bu newid sylfaenol ar ddechrau'r bedwaredd ganrif, pan ofidiai'r Ymerawdwr Cystennin (288-337) fod ei Ymerodraeth yn dadfeilio. Symudodd ei lys o Rufain i Bysantiwm, yn nes at ganol yr Ymerodraeth, a cheisiodd sefydlu un grefydd ar draws tiroedd yr Ymerodraeth. Fel y nodwyd uchod, crefydd genedlaethol oedd Iddewiaeth, tra oedd Cristnogaeth yn agored i'r ddynoliaeth gyfan. Felly'r Gristnogaeth newydd, a fu'n destun gwawd a gorthrwm tan hynny, a fabwysiadwyd gan Gystennin fel crefydd yr Ymerodraeth Rufeinig.[29] Cornel West sydd yn esbonio goblygiadau hyn:

> A terrible conjoining of church and state was institutionalised from which the religion and many of its victims, especially Jews, have suffered ever since. Constantinian Christianity has always been at odds with the prophetic legacy of Jesus Christ [...] The corruption of a faith fundamentally based on tolerance and compassion by the strong arm of imperial authoritarianism invested Christianity with an insidious schizophrenia with which it has been battling ever since. This terrible merger has been behind so many of the church's worst violations of Christian love and justice – from the barbaric crusades against Jews and Muslims, to the horrors of the Inquisition and the ugly bigotry against women, people of colour and gays and lesbians.[30]

Yng ngwaith Emyr Humphreys, gwelwn y ddeuoliaeth yma o fewn Cristnogaeth yn cael ei hail-adrodd yn hanes Anghydffurfiaeth Gymreig. Mae dwy wedd amlwg ar grefydd yng ngwaith Humphreys: crefyddau gwladwriaethol a chrefyddau proffwydol, gwrthsafol, y lleiafrifoedd. Fel yr awgrymais uchod, mae'r modd y bu i'r traddodiad Anghydffurfiol gael ei lygru gan rym gwladwriaethol yr Unol Daleithiau yn un o themâu canolog *The Anchor Tree* ac, yn agosach at adre, David Lloyd George yw Cystennin y Cymry yn naratif hanesyddol Emyr Humphreys.[31] Enghreifftia gyrfa Lloyd George y modd y cipiwyd radicaliaeth traddodiad Morgan John Rhys a Michael D. Jones a'i gysylltu â'r Blaid Ryddfrydol a'r Wladwriaeth Brydeinig gan wneud, yng ngeiriau Mrs Owen, *Flesh and Blood*, 'a little bread-and-butter Baptist [...] the leader of the British Empire and the Prime Minister of Europe!'[32] Gan gydnabod athrylith Lloyd George a'r modd i 'Gyllideb y Bobl' 1909 osod y seiliau ar gyfer y wladwriaeth les, penllanw 'the love match' rhwng 'the altruistic aspirations of nonconformist Wales' a'r Blaid Ryddfrydol fu dysgu'r 'smart boys how best to get on and milk the most of the imperial system', a gyrru miloedd eraill i'w tranc yn ffosydd y Rhyfel Byd Cyntaf.[33] Mewn golygfa sydd yn digwydd yn yr Eisteddfod yn *Outside the House of Baal*, mae'r heddychwr, J. T. Miles, yn gwneud ei orau i ddadlau gyda ffigwr tebyg i Lloyd George sydd yn annog yr ifanc i fynd i ryfel, ac mae John Cilydd yn *Bonds of Attachment* yn gresynu at barodrwydd hen genedlaetholwyr Cymru Fydd i fabwysiadu Prydeindod milwrol Lloyd George – 'Did we have to be so gullible?' gofynna.[34] Ond aneffeithiol yw gwrthsafiad y naill fel y llall yn wyneb 'the staring eyes of mass hysteria, the feet poised to stamp on the pavilion floor'.[35]

IV

Mae sŵn bygythiol y traed yn stompio yn awgrymu gallu'r wladwriaeth ar ei gwaethaf i ddamsang ar y neb sy'n herio ei grym, ac mae arlliw o wladwriaethau totalitaraidd yr ugeinfed ganrif yn y disgrifiad. Gorwedd yr hyn sydd fwyaf gwerthfawr am y traddodiad Cymreig, i Humphreys, yn yr ymgais i gynnal hunaniaeth neilltuol yn wyneb gwladwriaethau cymhathol. Yr ymdrech yma sydd yn caniatáu i'r Cymry eu hystyried eu hunain ymysg pobloedd etholedig hanes:

> [W]e are called upon to be a chosen people again. Certainly we have the minimum qualification; a remnant struggling for survival. [...] Now it is our destiny to demonstrate how a small nation can

still preserve its identity and a people their human dignity even in a world of power balanced in dangerous equilibrium between American-dominated capitalism and Russian-dominated state socialism.[36]

Fel hyn y mynegodd Humphreys y sefyllfa yn 1981, ond mae'r syniad o'r Cymry fel pobl etholedig yn britho ei waith. Yr Hebreaid yw pobl etholedig yr Hen Destament, ac mae nofelau ac ysgrifau Emyr Humphreys yn cynnwys cyfeiriadau mynych at etholedigaeth ac at yr Iddewon.[37] Yn ôl Lucas Parry yn *Flesh and Blood*, er enghraifft, 'If you are free and if you believe, then you belong to the Chosen People', ac i Enid yn *The Best of Friends*, 'the People of the Book' yw'r Cymry; 'I mean in that sense, historically speaking, you could argue we are a Chosen People'.[38] Yn *A Toy Epic*, ymateba Iorwerth i gwestiwn ei dad, 'What do you want to be, Iorwerth, when you grow up?', fel hyn:

'A Preacher, father. A Preacher, I think.'
Chosen to please us all, mother, father and me. To stand in a red
plush pulpit and finger the gilt-edged paper of the large black
Bible, and talk and be listened to reverently by many people; to be
one of the servants of Jesus, doing good, succouring the wounded,
helping the needy; or a missionary perhaps, in hot lands. To be a
man of note and importance among the groups of Welsh Divines
hanging on the sitting room wall. This is the prince of occupations,
being among the chosen of God and the prophets of Israel, my
nation.[39]

Mewn man arall, disgrifia Iorwerth ei brofiadau yn yr ysgol yn nhermau 'Israelite in Babylon' a chanlyniad etholedigaeth yw naill ai'r dymuniad ysol a fynegir gan John Cilydd yn 'The Land of the Living' am Foses neu Feseia i arwain y bobl i ryddid, neu ddychmygu yr hunan mewn termau Meseianaidd fel y gwna Iorwerth ar brydiau.[40] Fel y mae M. Wynn Thomas wedi nodi, mae elfennau ar feseianaeth yn perthyn i fyd-olygon Owen Richards yn *A Little Kingdom*, Michael yn *A Toy Epic*, a Hannah yn *A Man's Estate*, ac ar ffurf sosialaidd ym mywyd y Comiwnydd Pen Lewis yn nghyfres 'The Land of the Living' hefyd.[41] Yn *Bonds of Attachment*, mae John Cilydd yn deisyf dyfodiad 'Mab Darogan' a fydd yn arwain y Cymry i wlad annibynol yr addewid, 'like the children of Israel in the desert'.[42]

Nid yw'r ffaith fod cymeriadau yn mynegi'r credoau yma yn golygu fod yr awdur yn rhannu'r un daliadau wrth gwrs. Cymeriadau ar gyrion ei nofelau, yn ddigon addas, sydd yn aml fel pe baent yn mynegi'r daliadau y mae Humphreys ei hun wedi eu harddel yn ei ysgrifau. Menywod yw llawer ohonynt. Fel y nodwyd uchod, Enid, sydd yn parchu ei theulu a'i threftadaeth grefyddol, sydd yn disgrifio'r Cymry fel 'a Chosen People' yn *The Best of Friends*. Yr Iddewes, Annie – un o gariadon achlysurol y prif gymeriad – sydd yn awgrymu cysylltiad rhwng y Cymry a'r Iddewon yn y nofel, *Jones*.[43]

> My mother was Jewish and I feel myself getting more Jewish year by year. And that's what the Welsh nonconformists are, or were, I suppose. Pale imitation Jews. Natural born ghetto-dwellers. And in your case, Gonnie, the ghetto has shrunk to an apartment for one […]. I'm Jewish. Now you strip away or remove the metaphysical dimension and what has a Puritan left? Nothing but a self-regarding concern that he submerges himself in like a preservative.[44]

Mae parodrwydd Goronwy Herbert Jones i gael ei alw'n 'Gonnie' yn adlewyrchiad o'i gymhathiad â byd Llundain, ac hefyd yn awgrymu fod dadansoddiad Annie ynghylch gwendid Piwritaniaeth yn gywir. I bobl heb eu gwladwriaeth eu hunain, mae cymhathiad wastad yn opsiwn. Noda Humphreys yn *The Taliesin Tradition*:

> The reader will bear in mind of course that from the time of the failure of Owain Glyndŵr to establish a Welsh state, at the beginning of the fifteenth century, the unceasingly attractive alternative of being Welsh was to become English: and no one, least of all the English, could ever imagine a more desirable disguise or more charitable identity to adopt.[45]

Y Cymro sydd wedi troi'n Sais yw Jones. 'Parvenu', yn nhermau'r athronydd, Hannah Arnedt, a wahaniaethodd rhwng yr Iddewon hynny a oedd yn derbyn safle'r 'pariah' drwy gynnal eu harwahanrwydd diwylliannol, a'r rheiny y gellid eu hystyried yn enghreifftiau o'r 'parvenu' wrth iddynt gymhathu gwerthoedd a ffyrdd o fyw'r gymdeithas o'u cwmpas.[46] Awgrymog fyddai didoli cymeriadau Emyr Humphreys yn y termau yma. 'Parvenu' yw 'Gonnie' Jones a phan gynnigia ei gyfaill Idwal docyn iddo fynychu cyngerdd y 'Ten Thousand Voices' yn Neuadd Albert, gwrthod a wna:

> In spite of himself there was disdain in his refusal.
> 'I'm not a professional exile,' he said.

Ymateba Idwal, gan dynnu ar y gwaddol crefyddol y mae'r ddau yn ei rannu, fel hyn:

> 'How else can we preserve what is left of our Welshness [...] except by singing the songs of the Lord in a strange land?'[47]

I'r 'parvenu' Jones, nid yw byw fel Cymro yn Llundain yn cyfateb i'r Gaethglud ym Mabilon, ac hwyrach bod y darllenydd yn cydymdeimlo â'i awydd i ymwrthod â Chymreictod *kitsch* a hunan-ddramatig yr alltud proffesiynol.[48] Mae Jones yn fersiwn ddiweddarach o ffigwr sy'n ymddangos ar ffurf wahanol yn nifer o nofelau Humphreys. Yn *The Italian Wife*, er enghraifft – nofel heb fod ynddi prin unrhyw sôn am Gymru – *parvenu* yw

Richard Miller, aelod o'r Blaid Lafur sydd yn llygadu pob cyfle i godi ei statws yn y byd ac yn osgoi unrhyw sôn am ei gefndir Iddewig.[49] Cymeriad tebyg yw Max yn y stori fer, 'The Suspect'. Ei ymateb i sylw ei gariad, 'You look so Jewish [...] Like an Old Testament prophet', yw, 'I don't want to be Jewish, I just want to be me. That's my whole creed really'.[50] Nid yw Amy Parry, prif gymeriad y dilyniant, 'The Land of the Living', am fod yn gaeth i'w theulu na'i chredoau ychwaith. Mae ail nofel y dilyniant, *Best of Friends*, yn cychwyn gydag Amy yn achosi pryder i'w chyfaill, Enid, drwy fygwth taflu Beibl o'r trên ar eu taith i'r Brifysgol. Os mai 'Chosen People' yw'r Cymry i Enid, 'that's what's wrong with us' yw dyfarniad Amy: 'We're buried under a load of old Bibles like an insect under a heap of stones'.[51]

Yn ei thaith o Anghydffurfiaeth i genedlaetholdeb, ac o sosialaeth i fod yn aelod cydnabyddedig o'r dosbarth uwch-fwrgais Seisnig, mae Amy yn arddangos priodweddau'r 'pariah' a'r 'parvenu'. Nododd Hannah Arendt y gallai'r ddwy anian yma gyd-fodoli yn yr un corff gyda'r Iddew yn parhau'n 'pariah' ym mywyd preifat ei gartref, ei synagog, a'i ddychymyg, tra'i fod yn 'parvenu' yn gyhoeddus gan goleddu gwerthoedd y byd o'i gwmpas. Ond pwyslais Arendt yn 1944 oedd 'today the pariah Jew and parvenu Jew are in the same boat [...] Both are branded with the same mark; both alike are outlaws'.[52] Yn wyneb erchylltra'r *Shoah*, sef cyd-destun ysgrif Arendt, gall cymariaethau Humphreys rhwng yr Iddewon a'r Cymry ymddangos yn ansensitif a di-chwaeth. Yn wir, gall y gymhariaeth ddod yn beryglus o agos at fychanu erchyllterau'r Holocost ar brydiau. Ymateb anaddas Humphreys yn 1981 i'r ffaith i rai o drigolion Pontarddulais orymdeithio yn erbyn ysgol Gymraeg newydd dan faner 'Welsh Keep Out' oedd gofyn, 'To what cultural gas chambers are those pathetic people marching[?]'.[53] Mewn ysgrif drawiadol ar Saunders Lewis, fe gofia Humphreys ymarferion ar gyfer cynhyrchiad o'r ddrama, *Esther*, yng Nghaerdydd:

You are rehearsing *Esther* in the Temple of Peace. The acoustics are awful but the sun is shining through the long windows. [...] An English actor plays Haman and wants to cut a speech he can't understand. In the second act he is talking to Jewish Esther not knowing, of course, that she is Jewish.

'It is clear my lady, that you know nothing of subject races. A defeated people is paralysed with fear. They will go to their destruction like sheep. You can drown their homeland under water and like beggars in a gutter they'll whine their thanks for the trouble you are taking.'

'What's all this about drowning homelands?' He has a rich actorish voice and gestures like aquatints of Edmund Kean. Your author is leaning against a substantial pillar of the Temple. He gives a grim smile. 'You are lucky enough to be English', he says. 'Leave it out if you don't understand it'.[54]

Awgrymir yma nad oes modd esbonio'r profiad o golli'r famwlad i aelodau cenhedloedd gwladwriaethol grymus. Tra y diystyrwyd neilltuolrwydd pobloedd di-wladwriaeth gan y traddodiad athronyddol Gorllewinol, mae gan y dirmygedig fewnwelediad i natur dyn a chymdeithas sydd y tu hwnt i gaffael y grymus. Fel y dywedodd Saunders Lewis mewn nodyn yn y *Radio Times*, rhwng ei fersiwn ef o stori Esther a fersiwn gynharach Racine a fu'n ddylanwad arno:

> the camps and the gas chambers and the bodies of men and women and children piled high on each other. And I could not forget that my own nation too was being wiped out just as efficiently, though not in such obviously diabolical ways.[55]

Dyma, i raddau, y pwynt a wna Emyr Humphreys hefyd, ond fel yr awgryma Jasmine Donahaye, 'this use of a terrible recent past to make a point about an entirely unrelated present suggests not so much identification as co-option'.[56] Ar ben hynny, mae'r cyfeiriad at bobl yn cerdded i'w dinistr fel defaid yn nrama Lewis yn dod â ni yn beryglus o agos at osod y cyfrifoldeb am eu difodiant wrth draed y meirw. Defnyddia Humphreys drosiad tebyg yn ei gerdd, 'Bullocks':

> Stripped of souls
> With nothing to save
> They are units for slaughter
> Not disciplined not organised
> Too stupid to escape
> They inherit nothing
> Except the butcher's knife.[57]

Nid yw'n hollol glir os yw'r teirw sbaddedig yn fetaffor ar gyfer bechgyn tref yn cael eu gorfodi i ymuno â'r fyddin, neu leiafrif yn wynebu glanhad ethnig. Y naill ffordd neu'r llall, mae'n amlwg mai at y *Shoah* y cyfeirir wrth i'r bardd nodi, 'No rescue is possible / In final solutions'. Mae lluosogi'r datrysiad terfynol eisoes yn dod yn agos at fychanu'r Holocost, a chyn belled ag y gallwn gytuno â'r awgrym fod gallu'r hyn a ddisgrifia'r gerdd yn 'State Security' i ddifa anifeiliaid ar raddfa ddiwydiannol yn erchyll, oni ddylid ei drin fel achos cwbl ar wahân i'r *Shoah*?

Mae Humphreys ar dir sicrach pan fo'n tynnu ar ei brofiadau ei hun. Yn wrthwynebydd cydwybodol yn ystod yr Ail Ryfel Byd, fe arweiniodd cyfnod o hyfforddiant gyda mudiad Achub y Plant at waith mewn canolfan ar gyfer ffoaduriaid yn Fflorens.[58] 'Outside the camp there are marvels of the renaissance city. What does it matter whether or not you are Welsh in a place like this?' medd yn ei ysgrif, 'Outline of Necessary Figure'. Saunders Lewis yw'r 'ffigwr allweddol' hwn.

> In the long barrack room a party of one hundred Jews, who have somehow spirited themselves down the peninsula, have to be locked up for the night. They are determined to get to Palestine but the authorities don't want them to go [...] While you are

privileged with a little solitude in your sweaty sleeping quarters in
the administration block, you read successive numbers of 'Cwrs
y Byd' (World Affairs) far into the hot night and the Jews steal
away through the high windows. [...] They are off to reoccupy
a land they lost more than a thousand years ago. Does he want to
turn the Welsh into troublesome Jews? His sermons are always
uncomfortable.[59]

Bu ysgrifau Saunders Lewis i'r *Faner* dan y pennawd 'Cwrs y Byd'
yn ddadleuol am gymryd agwedd niwtral a welai'r Ail Ryfel Byd
yn rhyfel rhwng 'ymerodraethau hen a newydd' a 'dau fath o
fateroliaeth'. Buddugoliaeth i Natsïaeth fyddai canlyniad y rhyfel
p'un ai'r naill ochr neu'r llall fyddai yn gorchfygu, honnodd;
a Churchill oedd 'unben cyntaf Prydain Fawr ar ôl Oliver
Cromwell'.[60] Nid yw Humphreys yn cyfeirio at hyn, nac at wrth-
Semitiaeth diamheuol, os achlysurol, Lewis ychwaith. Ac eto,
mae presenoldeb yr Iddewon yn feirniadaeth gynnil ar ysgrifau
Lewis, o bosib. Cyfaddefa Humphreys yn yr un ysgrif, i erthyglau
'Cwrs y Byd' ei anesmwytho, ac fe ysgifennodd 'lengthy letters,
ungainly and fortunately unposted', yn ymosod ar Gatholigiaeth
a cheidwadaeth Saunders Lewis.[61] Daeth Humphreys yn agosach
yng nghyfnod yr Ail Ryfel Byd at gefnogi sosialaeth nag y gwnaeth
mewn unrhyw gyfnod arall o'i fywyd, ac mewn llythyr at J. E.
Jones sydd wedi goroesi, geilw ar Blaid Cymru i 'fabwysiadu mesur
helaeth o Sosialaeth – Wfft i deimladau ein aelodau – Pabyddol
– y mae ennill Cymru yn fater pwysicach o lawer'.[62] Disgrifia'i
hun yn ymdrechu 'to reconcile left-wing reformism and practical
nonconformity and keep in touch with Bohemia as well' yn y
cyfnod hwn.[63] Yn wyneb cymsygwch ei feddwl ifanc, edmyga
ymroddiad yr Iddewon i achos penodol; adfeddiannu Gwlad yr
Addewid.

Mae'r disgrifiad o'r Iddewon trafferthus yn sleifio allan
o ffenest y barics yn ddadlennol. Profiad yr Iddewon o fyw
rhwng y craciau, o ddianc drwy unrhyw fwlch ym muriau'r

gwladwriaethau totalitaraidd, o gynnal eu hunaniaeth yn wyneb y gorthrwm eithaf, sy'n ennyn edmygedd Emyr Humphreys. Gan mai fel nofelydd Protestanaidd y disgrifiodd Humphreys ei hun, a chan mai gwaddol ac effeithiau diwylliannol a seicolegol hirhoedlog y traddodiad Anghydffurfiol Cymraeg yw un o brif themâu ei waith, nid yw efallai'n syndod ei fod wedi tynnu ar ffynonellau Beiblaidd ac wedi cymharu'r Cymry â'r Iddewon yn fynych byth ers hynny.[64] Ond wrth synied am y Cymry fel pobl etholedig ar y cyd â'r Iddewon, mae Anghydffurfiaeth Gymreig yng ngwaith Emyr Humphreys yn sail i hunaniaeth y Cymry, ac yn agosach at neilltuolrwydd Iddewiaeth nag ydyw at gyffredinolaeth Cristnogaeth.[65] Cofir yn y cyd-destun hwn mai magwraeth ddi-Gymraeg yn Eglwys Loegr a gafodd Emyr Humphreys. Mater o ewyllys ac o dröedigaeth fu dysgu'r Gymraeg ac ymuno â'r Annibynwyr iddo.[66] Medd Gauri Viswanathan wrth drafod swyddogaeth tröedigaeth mewn cyd-destunau trefedigaethol:

> As a mode of preserving heterogeneity against the unifying impact of the state, conversion acquires an oppositional character that conflicts with its customary description as assimilative or adaptive.[67]

Yn wir, troi neu gymathu i'r cyfeiriad anghywir a wnaeth Emyr Humphreys; troi hanes tu chwith drwy gymathu o'r mwyafrifol i'r lleiafrifol. Mae'r Iddewon iddo yn enghreifftio'r ymdrech i gynnal ffydd a hunaniaeth y tu fas i furiau hanes Hegelaidd y gwladwriaethau grymus. Dibynna amrywiaeth y ddynoliaeth, i Humphreys, ar ymdrechion o'r fath gan bobloedd etholedig.

V

Os mai, yn ôl Emyr Humphreys, un opsiwn i'r Cymry byth ers methiant Owain Glyndŵr oedd troi'n Saeson, opsiwn arall i bobl sydd wedi gorfod 'dawnsio rhwng olwynion hanes' (ac addasu ymadrodd Gwyn A. Williams) yw ceisio rheoli'r olwynion hynny drwy greu eu gwladwriaethau eu hunain.[68] Er y gwahaniaethau lu, dyma ddyhead cenedlaetholwyr Cymreig ac Iddewig fel ei gilydd. I'r anthropolegydd, Jonathan Boyarin, a'i frawd, y diwynydd, Daniel Boyarin, serch hynny, bu creu Israel yn wladwriaeth Iddewig yn gam gwag yn hanes pobl a lwyddodd i gynnal eu hunaniaeth y tu fas i 'Hanes' yn ei ystyr Hegelaidd.[69] Yn wahanol i Emmanuel Levinas ac eraill, ni dderbyniant mai'r unig ateb i bobloedd sydd wedi gorfod byw 'heb hanes' Hegelaidd yw brwydro i greu eu gwladwriaethau eu hunain. Yn hytrach, gan ddilyn Jean-Paul Sartre, fel y'i dyfynnwyd yn gynt yn yr ysgrif hon, credant fod i'r traddodiad diasporig Iddewig ffynonellau ar gyfer arddel cysyniad amgen o hanes, a dulliau o fod â pherthyn â'r potensial i arwain y ddynoliaeth y tu hwnt i'r hyn y maent yn ei ystyried yn ffurf ddifäol y genedl-wladwriaeth:

> The renunciation of difference seems both an impoverishment of human life and an inevitable harbinger of oppression. Yet the renunciation of sovereignty (justified by discourses of autochthony, indigenousness, and territorial self-determination), combined with a fierce tenacity in holding onto cultural identity, might well have something to offer to a world in which these two forces, together, kill thousands daily.[70]

Nid naid i'r cyffredinol y tu hwnt i hualau iaith a chrefydd yw'r ateb i hiliaeth a thyndra rhwng cenhedloedd yn y dyfyniad hwn. Ond nid creu lluosogedd o genhedloedd sofran yw'r ateb ychwaith. I'r brodyr Boyarin, cysyniadau ac endidau gwahannol yw'r 'genedl' a'r 'wladwriaeth' ('cultural identity' a 'sovereignty' yn eu geiriau yma). Felly hefyd i Emyr Humphreys yn y cyd-destun Cymreig. Camp y Cymry, a champ Anghydffurfiaeth Gymraeg yn arbennig, fu cynnal hunaniaeth heb fod gan y Cymry wladwriaeth neilltuol eu hunain. Rhydd bwys arbennig o'r herwydd i'r gwrthsafiad diwylliannol Cymraeg, y 'dissident condition'.[71] Ymgnawdolir parhad y diwylliant yn ffigwr yr emynydd William Williams Pantycelyn yn y dyfyniad dadlennol canlynol o'r flwyddyn 2002:

> The Methodist Revival was all about salvation, and words – poetic words – were central to that whole process. So in William Williams Pantycelyn you have the survivor and the salvationist and the poet all combined into one figure. So this seems part of the reason why there is still a Welsh identity - and in a way 'identity' is a better term than 'nation', because when you get down to what a nation consists of, and what institutions a nation needs, we fall apart. [...] And also the sad fact is that now that there is this degree of autonomy and devolution [with the National Assembly] the poetic tradition has become just a decoration - a cherry on the icing on the cake. It's a masquerade rather than a meaningful transformation.[72]

Nid yw'n hollol eglur a yw ymdrech y Cymry i gynnal eu hunaniaeth yn golygu y dylent ymwrthod â'r syniad o wladwriaeth yn gyfan gwbl, ond mae Emyr Humphreys yn amlwg yn gresynu fod rhoddi mynegiant gwleidyddol i Gymreictod wedi arwain at wthio'r traddodiad llenyddol, y 'Taliesin Tradition', i'r cyrion. Saunders Lewis a ddadleuodd mai 'Cymru Gymraeg uniaith yw'r moddion diogel i godi gwlad na fedr gormes cyfalafiaeth gydwladol drigo o'i mewn'.[73] Ymddengys fod Humphreys yn cytuno, ond petrusa rywfaint wrth gyflwyno'r ddadl:

> [Saunders Lewis] makes it perfectly clear that the only salvation for Wales is to do away with English. There is a frightening logic about it. If you want to maintain an identity, the first step you must take is linguistic, and unless you have the supreme power invested in the language, you have no hope whatsoever of maintaining your identity. I think Israel is the classic example of this in the modern world. Whether it is desirable or not is another question. But it is a practical truth[.][74]

Mae lle i amau 'gwirionedd' safbwynt Saunders Lewis yma, am fod gwladwriaethau dwyieithog ac amlieithog yn bodoli.[75] Byddai angen ysgrif arall i ymhél â hynny, a'r goblygiadau cysylltiol i brosiect Emyr Humphreys o gyfleu profiad y gymuned iswladwriaethol Gymraeg yn Saesneg, iaith y wladwriaeth.[76] Yr hyn sydd yn berthnasol wrth gloi'r ysgrif benodol hon yw mai troi at brofiad yr Iddewon a wna Humphreys, unwaith eto, i enghreifftio ei ddadl. Perthyn y Palesteiniaid i bobloedd iswladwriaethol y byd, y tu hwnt i 'hanes' Hegel, heddiw. Hyd y gwn i, nid oes gan Humphreys ddim i'w ddweud am hynny. Ond hwyrach fod presennol Israel a dyfodol Cymru ar feddwl John Cilydd pan noda yn *Bonds of Attachment*:

> There has never been a state of any shape or form in the history of this world that was not founded on bloodshed, not given its shape by violence and maintained by the cohorts of brute force in fancy dress. How can we ever be different?[77]

Nodiadau

[1] Dyfynnwyd yn Shmuel Trigano, 'The French Revolution and the Jews', *Modern Judaism*, cyfrol 10, rhif 2, 1990, tt. 171–90 (t. 178).

[2] Ynghylch ymweliad Arnold â Ffrainc, gweler Stefan Collini, 'Introduction', i Matthew Arnold, *Culture and Society and other writings* (Cambridge: Cambridge University Press, 1993), tt. xii – xv. Ynghylch darlithoedd Arnold ar lenyddiaethau Celtaidd gweler Daniel G. Williams, *Ethnicity and Cultural Authority: From Arnold to Dubois* (Edinburgh: Edinburgh University Press, 2006), tt. 33–52.

[3] Emyr Humphreys, 'Arnold in Wonderland' (1978), a gasglwyd yn M. Wynn Thomas (gol.), *Emyr Humphreys: Conversations and Reflections* (Cardiff: Cardiff University Press, 2002), tt. 46–7.

[4] G. W. F. Hegel, *Elements of the Philosophy of Right* (1820): (Cambridge: Cambridge University Press, 1991). Rwy'n tynnu yma ar sawl ysgrif a chyfrol ar Hegel, ond yn arbennig, E. Gwynn Matthews, *Hegel: Y Meddwl Modern* (Gwasg Gee, 1984); Shlomo Avineri, *Hegel's Theory of the Modern State* (Cambridge: Cambridge Univeristy Press, 1974); Jonathan Boyarin, 'Hegel's Zionism?' yn Boyarin (gol.), *Remapping Memory: The Politics of TimeSpace* (University of Minnesota Press, 1994), tt. 137–60.

[5] Daw'r dyfyniadau enwog yma o Saunders Lewis, *Buchedd Garmon*, yn Ioan M. Williams (gol.), *Dramâu Saunders Lewis: Y Casgliad Cyflawn. Cyfrol 1*

(Caerdydd: Gwasg Prifysgol Cymru, 1996), t. 139. Waldo Williams, 'Cofio' yn *Dail Pren* (Aberystwyth: Gwasg Aberystwyth, 1957), t. 78.

6   E. Gwynn Matthews, *Yr Athro Alltud: Syr Henry Jones 1852 – 1922* (Dinbych: Gwasg Gee, 1998), t. 130.

7   Benny Lévy, 'Today's Hope: Conversations with Sartre', *Telos* 44, tt. 155–80. Dyfynnwyd yn Boyarin, *Hegel's Zionism*, t. 141. Bu cyfweliadau Lévy a Sartre yn ddadleuol iawn, fel yr ymhelaetha Jonathan Jaduken, *Jean-Paul Sartre and the Jewish Question* (Lincoln: University of Nebraske Press, 2006), tt. 221–239.

8   Emmanuel Levinas, *The Levinas Reader*, a olygwyd gan Seán Hand (Oxford: Blackwell, 1989), tt. 287–8.

9   Matthew Arnold, *On the Study of Celtic Literature* (1867) yn R. H. Super (gol.), *Collected Prose Writings III* (Ann Arbor: University of Michigan Press, 1962), tt. 296–7. Dyfynnir gan Humphreys, er enghraifft, yn 'The Chosen People', *Arcade: Wales Fortnightly* rhif 9 (6 Mawrth 1981), t. 19.

10 Mae'n ddiddorol nodi yn y cyswllt hwn nad yw Henry Jones (1852 – 1992) yn ymddangos yn ysgrifau Emyr Humphreys. Fel y noda E. Gwynn Matthews, roedd Jones yn debyg i Arnold yn yr ystyr ei fod yn gweld y wladwriaeth fel 'uchafbwynt datblygiad dyn yn y byd', ond yn wahanol i Arnold, credai fod modd i genhedloedd neilltuol gynnal eu harwahanrwydd o fewn yr un wladwriaeth. Gweler E. Gwynn Matthews, *Yr Athro Alltud*, tt. 126–127. Gweler hefyd, M. Wynn Thomas, *The Nations of Wales 1890 – 1914* (Cardiff: University of Wales Press, 2016), tt. 132–33.

11 Emyr Humphreys, *Natives* (London: Martin, Secker and Warburg, 1968), t. 53, a *Bonds of Attachment* (1991) (Cardiff: University of Wales Press, 2001), t. 275.

12 Idem., *Jones* (London: J. M. Dent and Sons, 1984), t. 120.

13 Idem., *Flesh and Blood* (1991) (Cardiff: University of Wales Press, 2001), t. 108.

14 Ibid, tt. 108–9.

15 Ibid., t. 108.

16 Charlotte Jackson, 'Reservoirs and Reservations: Imagining 'Indians' in Welsh Writing in English', PhD Thesis anghyhoeddedig. Prifysgol Abertawe, 2015. t. 244.

17 Humphreys, *Bonds of Attachment*, t. 116.

18 Michael Hechter, *Internal Colonialsim: The Celtic Fringe in British National Development, 1536 – 1966* (London: Routledge, 1975).

19 Dyfynnwyd yn Levinas, *The Levinas Reader*, t. 285.

20 Humphreys, *Bonds of Attachment* t. 275.

21 Rwy'n tynnu yma ar ddadansoddiad Daniel Boyarin, *A Radical Jew: Paul and the Politics of Identity* (Los Angeles: University of California Press, 1994). Mae Boyarin yn cyflwyno ei gyfrol i'r diwynydd o Lanaman, W. D. Davies, sydd yn ymhél â'r pynciau yma yn *Paul and Rabbinic Judaism* (London: S.P.C.K., 1948).

[22] Emyr Humphreys, *The Anchor Tree* (London: Hodder and Stoughton, 1980), t. 106.
[23] Karl Marx a Frederick Engels, *The Communist Manifesto: A Modern Edition* (1848. London: Verso, 2012) t. 38.
[24] Humphreys, *The Anchor Tree*, tt. 161, 217. Mae carchar hefyd yn cynrychioli grym y wladwriaeth yn *Bonds of Attachment*, t. 270.
[25] Emyr Humphreys, *Salt of the Earth* (1985) (Cardiff: University of Wales Press, 1999), t. 166.
[26] Humphreys, 'The Chosen People', t. 19.
[27] Marc Shell, *Children of the Earth: Literature, Politics and Nationhood* (Oxford: Oxford University Press, 1993).
[28] Boyarin, *A Radical Jew*, tt. 36–8.
[29] Vivian Jones, *Symud Ymlaen: 12 Ysgrif yn trafod heriau'r ffydd Gristnogol* (Pwllheli: Cyhoeddiadau'r Gair, 2015), tt. 15–21. Cornel West, *Democracy Matters: Winning the Fight Against Imperialism* (New York: Penguin, 2004), tt. 145–172.
[30] West, *Democracy Matters*, t. 147.
[31] Emyr Humphreys, 'The Baptist Warlord', *The Taliesin Tradition* (1983) (Bridgend: Seren, 2000), tt. 198–207. Gweler trafodaeth M. Wynn Thomas yn *All That is Wales: The Collected Essays of M. Wynn Thomas* (Cardiff: Univeristy of Wales Press, 2017), tt. 146–7.
[32] Humphreys, *Flesh and Blood*, t. 63.
[33] Humphreys, 'The Chosen People', t. 19.
[34] Emyr Humphreys, *Outside the House of Baal* (1965) (London: J. M. Dent and Sons, 1988), tt. 151–155; Idem., *Bonds of Attachment*, t. 252.
[35] Ibid., t. 251.
[36] Humphreys, 'The Chosen People', t. 19.
[37] Ar berthynas y syniad o etholedigaeth a chenedlaetholdeb, gweler Anthony D. Smith, *Chosen Peoples: Sacred Sources of National Identity* (Oxford: Oxford University Press, 2003). Mae Humphreys yn enghraifft o ffenomen lawer ehangach a hirhoedlog yn niwylliant Cymru. Gweler, Dorian Llywelyn, *Sacred Place, Chosen People: Land and National Identity in Welsh Spirituality* (Cardiff: University of Wales Press, 1999); Grahame Davies, *The Chosen People: Wales and the Jews* (Bridgend: Seren, 2002); Jasmine Donahaye, *Whose People? Wales, Israel, Palestine* (Cardiff: University of Wales Press, 2012); Simon Brooks, *Hanes Cymry: Lleiafrifoedd Ethnig a'r Gwareiddiad Cymraeg* (Caerdydd: Gwasg Prifysgol Cymru, 2021), tt. 65–68, 220–225.
[38] Humphreys, *Flesh and Blood*, t. 8; Idem., *The Best of Friends*, t. 12. Enid sydd yn dweud hyn, nid Amy, fel yr awgrymir gan M. Wynn Thomas yn *The Shadow of the Pulpit: Literature and Nonconformist Wales* (Cardiff: University of Wales Press, 2010), t. 305.
[39] Humphreys, *A Toy Epic* (1958) (Bridgend: Seren, 1989), t. 47.
[40] Humphreys, *Bonds of Attachment*, t. 269; Idem., *A Toy Epic*, t. 67.

41 Thomas, *In the Shadow of the Pulpit*, tt. 300–301. M. Wynn Thomas, *Emyr Humphreys: Writers of Wales* (Cardiff: University of Wales Press, 2018), tt. 56–7. Emyr Humphreys, *A Little Kingdom* (London: Eyre and Spottiswoode, 1946); Idem., *A Man's Estate* (1955) (Cardigan: Parthian, 2006).

42 Idem., *Bonds of Attachment*, t. 269.

43 Idem., *Best of Friends*, t. 12.

44 Idem., *Jones*, tt. 118–9.

45 Idem., *The Taliesin Tradition*, t. 1.

46 Hannah Arendt, 'The Jew as Pariah: A Hidden Tradition', yn Jerome Kohn a Ron H. Feldman (goln), *The Jewish Writings* (New York: Shocken Books, 2007), tt. 275–297.

47 Humphreys, *Jones*, t. 100.

48 Mae'r ymdriniaeth ar gymhathiad yn *Jones* yn gymhleth. Plentyndod trawmatig a gafodd Goronwy Jones ar fferm yng Nghymru, lle byddai ei dad yn ei gloi yn y twlc moch. Mae'r nofel yn ein gorfodi i ofyn, yng ngeiriau Raymond Williams, '[i]s this, after all, an old way of life which not only from outside pressures but from something in itself could not shape and hold and inform its own people?' Raymond Williams, *Who Speaks for Wales? Nation, Culture, Identity* (2003) (Cardiff: University of Wales Press, 2021), t. 85.

49 Humphreys, *The Italian Wife* (London: Eyre and Spottiswoode, 1957). Gweler y trafodaethau diddorol am y nofel hon yn Ioan Williams, *Emyr Humphreys: Writers of Wales* (Cardiff: University of Wales Press, 1980), tt. 44–48 ac yn M. Wynn Thomas, *Eutopia: Studies in Cultural Euro-Welshness, 1850-1980* (Cardiff: University of Wales Press, 2021), tt. 294–95.

50 Humphreys, *Natives*, tt. 73–4.

51 Idem., *Best of Friends*, tt.12–3.

52 Arendt, 'The Jew as Pariah', t. 296.

53 Humphreys, 'The Chosen People', t. 19.

54 Idem., 'Outline of a Necessary Figure' (1973), *Emyr Humphreys: Conversations and Reflections*, tt. 90–1.

55 Dyfynnwyd yn Ned Thomas, *The Welsh Extremist: Modern Welsh Politics, Literature and Society* (1971) (Talybont: Y Lolfa, 1994), t. 123.

56 Donahaye, *Whose People? Wales, Israel, Palestine*, t. 115.

57 Humphreys, 'Bullocks', yn *Collected Poems* (Cardiff: University of Wales Press, 1999), tt. 60–1.

58 Mae M. Wynn Thomas yn rhoi'r cyd-destun yn *Emyr Humphreys*, tt. 11–12.

59 Humphreys, 'Outline of a Necessary Figure', t. 87.

60 Dyfynnir yn helaeth yn T. Robin Chapman, *Un Bywyd o Blith Nifer: Cofiant Saunders Lewis* (Llandysul: Gomer, 2006). Y dyfyniadau yma o tt. 229, 230, 244, 249.

61 Humphreys, 'Outline of a Necessary Figure', t. 87.

62 Dyfynnwyd yn Chapman, *Un Bywyd o Blith Nifer*, t. 267.

63 Humphreys, 'Outline of a Necessary Figure', t. 87.

[64] Gweler 'A Protestant View of the Modern Novel' (1953), yn *Emyr Humphreys: Conversations and Reflections*, tt. 67–76.

[65] Does dim lle yma i drafod dylanwad y diwinydd a'r hanesydd R. Tudur Jones (1921 – 1998) ar waith a meddwl Emyr Humphreys. Roedd y ddau yn gyd-ddisgyblion yn y 'Rhyl County School', ond yn nes ymlaen yn eu bywydau y datblygodd y cyfeillgarwch cryf rhyngddynt. (M. Wynn Thomas, *Emyr Humphreys*, t. 6). Fel ei athro, J. E. Daniel (1902 – 1962), credai Jones fod neilltuolrwydd y 'meddwl Cymraeg' yn deillio o'r modd y 'daeth Cristnogaeth a'r diwylliant cenedlaethol i ymblethu â'i gilydd mewn ffyrdd cymhleth a chyfrin'. R. Tudur Jones, *Ffydd ac Argyfwng Cenedl: Hanes Crefydd yng Nghymru 1890-1914: Cyfrol 1* (Abertawe: Tŷ John Penry, 1981), t. 15. Ynghylch J. E. Daniel, gweler D. Densil Morgan, 'Rhagymadrodd', yn J. E. Daniel, *Torri'r Seiliau Sicr: Detholiad o Ysgrifau* (Llandysul: Gomer, 1993), tt. 9–19.

[66] Thomas, *Emyr Humphreys*, tt. 4–6.

[67] Gauri Viswanathan, *Outside the Fold: Conversion, Modernity and Belief* (New Jersey: Princeton University Press, 1998), t. 50. Ond, noda hefyd, 'the modern state is also the origin of a developing resistance to the pressures of a threatening homogenization'.

[68] Gwyn A. Williams, *When Was Wales? A History of the Welsh* (London: Black Raven Press, 1985), t. 304.

[69] Jonathan Boyarin, 'Hegel's Zionism', a Daniel Boyarin a Jonathan Boyarin, 'Diaspora: Generation and the Ground of Jewish Identity' yn Kwame Anthony Appiah a Henry Louis Gates Jr. (goln), *Identities* (Chicago: University of Chicago Press, 1995), tt. 305–337. Mae'r erthygl hon am ddiaspora yn drwm dan ddylanwad cyfrol y Cymro, W. D. Davies, *The Territorial Dimension of Judaism* (Berkeley: University of California Press, 1982).

[70] Boyarin a Boyarin, 'Diaspora', t. 335.

[71] Emyr Humphreys, 'The Dissident Condition', *Planet: The Welsh Internationalist* 71 (October / November 1988), tt. 23–29.

[72] *Emyr Humphreys: Conversations and Reflections*, t. 64.

[73] Saunders Lewis, 'Un Iaith i Gymru' (1933), yn *Canlyn Arthur* (1938) (Llandysul: Gomer, 1985), t. 64.

[74] *Emyr Humphreys: Conversations and Reflections*, t. 133.

[75] Ar 'weinyddiad yr awdurdodau lleol a gwladol yn y rhanbarthau Cymraeg o'n gwlad' y rhoddodd Lewis y pwyslais erbyn traddodi darlith 'Tynged yr Iaith' yn 1962. Yn *Ati, Wŷr Ifainc* (Caerdydd: Gwasg Prifysgol Cymru, 1986), t. 98.

[76] Disgrifia Humphreys ei waith fel ymgais i ddefnyddio 'the language of cultural supremacy to try to express something that comes directly from the suppressed native culture'. *Emyr Humphreys: Conversations and Reflections*, t. 8.

[77] Idem., *Bonds of Attachment*, t. 275. Cwblhawyd y bennod hon ym mis Mai 2023, cyn ymosodiad Hamas ar Israel ar 7 Hydref 2023, a chyrch Israel ar Gaza yn y misoedd dilynol.

Holwch am bris argraffu!
www.ylolfa.com